南朝大争霸

6

南陈往事

草军书 著

应急管理出版社

·北京·

图书在版编目（CIP）数据

南朝大争霸.6，南陈往事／草军书著. -- 北京：应急
管理出版社，2020

ISBN 978 - 7 - 5020 - 8087 - 7

Ⅰ.①南… Ⅱ.①草… Ⅲ.①中国历史—南朝时代—
通俗读物②中国历史—陈国—通俗读物 Ⅳ.①K239.109

中国版本图书馆CIP数据核字（2020）第075523号

南朝大争霸（6） 南陈往事

著　　者	草军书
责任编辑	高红勤
封面设计	刘红刚

出版发行　应急管理出版社（北京市朝阳区芍药居35号　100029）
电　　话　010 - 84657898（总编室）　010 - 84657880（读者服务部）
网　　址　www.cciph.com.cn
印　　刷　三河市金泰源印务有限公司
经　　销　全国新华书店

开　　本　710mm×1000mm$\frac{1}{16}$　印张　13$\frac{1}{2}$　字数　152千字
版　　次　2020年6月第1版　2020年6月第1次印刷
社内编号　20200217　　　　定价　35.00元

南朝：黎明的边缘

　　很多人都了解中国历史，说起刘邦、李世民、赵匡胤、朱元璋，个个都相当熟悉，讲起他们的逸事，就跟说隔壁老王似的张口就来；很多人都不了解中国历史，说起刘裕、萧道成、萧衍、陈霸先，搜肠刮肚也想不起这南朝的"四大天王"到底"唱过什么歌，演过什么戏"。这就是"南朝大争霸"系列图书创作的初衷与目的——普及鲜为人知的南朝历史，展示非同寻常的南朝文明。

　　南朝是继东晋之后建立于长江以南的四个朝代的总称，包括宋、齐、梁、陈。时间很短，从420年刘裕建宋开始，到589年陈叔宝亡国结束，170年的时间在历史的长河中如弹指一瞬。

　　如果把中国古代国家史比作一天的话，那么南朝时代大约相当于八九点钟的时间段。商周时期，一切都在原始起步，那是黑夜中的艰难摸索时刻；春秋战国，天下分崩，一片混沌之中，思想文化、科技军事之花竞相绽放，黎明的亮色开始显现；雄霸天下、傲视南北的汉朝似朝阳初升，光照万里；魏晋之后踏入南朝，历史的天空暂时晴转多云；在隋文帝杨坚灭掉南朝最后一个政权后，一个巨无霸帝国跃然而出，海宇一统的隋唐盛世将大中国推入烈日曜空的正午时空！

　　南朝是历史上的一个分裂时代，170年间，朝代更替迅如流星，其兴也勃，其亡也忽。然而，历史总是在杀戮中刷新，飞溅的鲜血虽然令人不忍直视，但无法否认，那残忍的红色华丽浇灌出的总是一朵朵代表蜕变、进步、希望、向上的花朵。处于黎明边缘的南朝虽然纷乱不息，桀骜不驯，但"一日之计在于晨"，一天中所有的能量、所有的目标、所有的愿景、所有的美好，都在此刻怀想、孕育和诞生，没有早晨的艳阳，没有多云的涅槃，就不会有正午的烈日。

南朝是以今天的江苏南京为中心的汉民族政权，面对一直对南方虎视眈眈的北方政权，南朝当时的存在为延续、发展以汉文化为精髓的华夏文明起到了中流砥柱的作用。社会体制方面，这一时期的用人制度变革对中国后世影响极为深远。是时高门望族在中央权力中的世袭体制逐步被打破，阻碍社会进步的门阀制度日渐式微，寒门知识分子以才进位跻身中枢成为普遍现象，这为其后的隋朝创设影响中国和世界人才选拔历史的科举制提供了条件准备和现实借鉴。文化方面也是可圈可点，齐梁时期的"永明体"诗歌首次将四声融入诗篇，严格追求押韵对仗，成为新体诗的开端，直接催生出了格律严谨、神韵奔放的唐朝诗歌。所以今天的读者在阅读朗朗上口、抑扬顿挫的优美唐诗时，别忘了唐诗精气神的本源其实是来自早它们一百多年的南朝永明体。没有永明体，就没有唐诗；没有唐诗，中国的传统文化不知道要逊色、黯淡多少。

相对生僻的南朝其实有着数不清的名家、大家：范晔、范缜、祖冲之、谢灵运、刘勰、钟嵘、沈约、檀道济……他们或是才高八斗的诗人，或是智慧过人的科学家，或是学识渊博的史学家，或是足智多谋的军事家……每一个名字，都是一座座耸立在历史时空里难以逾越的人文高峰。他们身披朝阳，把日色金辉洒向未来。一千四百多年后，我们依然能感受到他们传递出的热烈能量，千年万载，生生不息。

一个如此精彩绝伦、如此不可忽视、如此日夜流芳的蓬勃时代，每一个中国人都应该深深了解它、走近它！那么，请从阅读"南朝大争霸"系列开始吧！

草军书

2016年6月

目　录

第一章　重整河山待后生

本书系列到了最后一本，南朝也到了最后一个朝代——陈。

在整个中国历史中，南朝是相对冷僻的一个朝代，而南朝中的陈更是冷僻中的冷僻，很多人看到这个"陈"字，第一反应都是：哦，这是一个姓氏。不像看到唐宋元、秦韩楚，大家清楚地知道，这既是姓氏，也是国名。然而，无论是强唐猛元，还是大秦悍楚，其实都没有陈叔宝创建的南朝陈国这个名字有个性特点和烙印感。皇帝名叫陈霸先，国家名叫陈，国名和姓氏合二为一。这种命名法，在中国帝王时代的整个历史中，只有这一个，陈是唯一一个以皇帝本姓冠名的国家。

姓陈的，祖上的确阔过。

陈霸先的祖上也曾阔过。汉魏时期的名人陈寔和陈群都是陈霸先的祖宗。陈群是魏文帝曹丕的亲信贤臣，大名鼎鼎的选官制度——"九品中正制"就是陈群发明的。中国历史上存在过三种最主流的官员选拔方式：察举征辟制、九品中正制和科举制。陈群发明的九品中正制虽然没有科举制影响广泛，但也左右了中国历史上四百年的人才遴选格局。

陈群的爷爷陈寔比陈群更伟大，他为中华文化贡献了两个别样的成语："梁上君子"和"难兄难弟"。陈寔发现有个小偷潜伏在他家房梁上的时候，一没有报警，二没有喊儿孙过来抓贼，而是故意集合子孙进行家庭教育，陈寔把趴在房梁上欲图行窃的小偷当成了活教材，教育子孙们说，你们以后一定要好好学习，天天向上，做一个善良的人，一个纯粹的人，一个道德高尚的人，千万不要像梁上君子那样。小偷正趴在那儿算计等会儿该偷水瓢还是铁锅呢，没想到瞬间暴露在陈寔子孙齐刷刷的目光之中，他赶紧溜下来向陈寔赔罪认错。此后，"梁上君子"便成了小偷的代名词。

"难兄难弟"也是由陈寔而来，不过，他孙子陈群也属于该成语创作成员之一。陈群跟他的堂兄弟激烈争论到底是自己爸爸陈元方有才还是叔叔陈季方有才，两个小兄弟争得脸红脖子粗，谁也不服谁，于是找爷爷当裁判，问他到底谁更有才。陈寔一瞧这架势，没法评判，当着自己的孙子，哪个儿子也不能灭灯打低分呀，干脆完美地和了一次稀泥，说："元方难为兄，季方难为弟。"两个都是好样的，在才华方面，哥哥做不了弟弟的哥哥，弟弟做不了哥哥的弟弟。难兄难弟，不分伯仲。这个成语刚诞生时完全是褒义，后来不知道怎么就变成了偏贬义。

现在，要是别人说你跟谁是一对难兄难弟，即使没有笑话你的用意，也绝没有半分褒义的意味。

然而，对陈国的创建者陈霸先，我们还是应该致以足够的褒赞之意的。因为陈霸先是一个很励志的人物，他跟刘邦、刘裕一样，是真正起于草根，从最底端的基层，靠着本领、才华和机遇，一路披荆斩棘，拼搏进取，由量变到质变，大放光彩，君临天下的，什么拼爹呀，拼家产呀，拼背景呀，陈霸先都没有。

虽然陈霸先的祖上阔过，但到他这一代的时候，已经家道中落，沦为普通人家。陈霸先的爷爷陈道巨还当过南梁的太常卿，但到陈霸先的父亲陈文赞的时候，似乎一下子变成了草根阶层，不知道为什么，史料上找不到陈文赞的详细履历和资料，《南史》和《陈书》上都只是对陈霸先的老爸陈文赞一笔带过，什么都没交代，只知道他生了三个儿子：长子陈道谈，三子陈休先，成就最大的陈霸先排行老二。

从陈霸先的家世背景和人生经历上看，他不是官二代，没有沾到爸爸的任何光，而是靠着自己打拼，一步步爬上了帝国权力的喜马拉雅。

陈霸先是在梁武帝萧衍登基称帝的第二年——公元503年出生的。他少年时代就智谋出众，理想远大，涉猎史籍，好读兵书，且武艺过人，在同龄的青年小伙伴中很有号召力。

小伙子人长得也精神，一米八几的大高个，额骨凸出，双目有神，垂手过膝。两只手自然下垂，居然能超过膝盖，也不知道这是吹牛还是真的，反正"垂手过膝"这个词都是出现在古代坟典中，现实中根本不可能看到这么加长版的一双手。

陈霸先的现实情况比较骨感，他参加工作的第一个职位是里司。里司就是后来的里正、里长，农村的最基层单位组织，这个职位很低，都不属于正规的朝廷公务员编制，职务连现在的村主任都算不上，因为一里的管辖范围基本都不足百户人家。也就是说，陈霸先人生中的第一个职务，只相当于过去的生产队长，现在没有"生产队"这个概念了，改叫村民小组。一个村民小组也就几十户人家，陈霸先就是那个村民小组长。

这个出身和起步比皇帝中的草根一号刘邦还要低。刘邦发迹之前是个亭长，好歹还管着十里地那么一大块的村落，相当于现在的乡长，而以陈霸先当时的职位，若是乡长说单独找他谈心，估计他都会激动得一个晚上睡不着觉。

这么小的官肯定不是陈霸先想要的，干了一段时间后，他就跳槽到大城市工作了，到建康担任油库吏了，就是专门负责看管油库的管理员。那时候还没有任何工业油的出现，油库里保存的应该都是压榨出来的食用油。油库吏虽然仍是微不足道的职业，但大城市的闯荡生活却给陈霸先的人生带来了转折与机遇。正是在建康的这段时间，陈霸先认识了改变他人生命运的新喻侯萧映。

萧映是梁武帝的侄子，他爸始兴王萧憺是萧衍的弟弟。萧衍对自家人是非常优待的，何况弟弟萧憺还为自己建国和治国有过正儿八经的重大贡献，所以对他的儿子萧映当然是照顾有加。

梁普通三年（公元 522 年），萧衍派萧映到吴兴郡担任太守。吴兴就是今天的浙江省湖州市，这是陈霸先的家乡。陈霸先更具体的出生地是湖州市长兴县，那是陈霸先真正的家乡，现在长兴县里还有陈武帝故宫，游客买票可以进入参观。不过那些看似古色古香的房子都是二十年前随便找个地址建造的，傍个名人赚点钱而已。

陈霸先其实也可以改名叫陈国宝的，陈国是他一手创建的，对陈国而言，他确实属于国宝级人物。而让他有机会改变命运，成为国宝，脱离原有低端生活环境，进入更高生活环境以及工作平台的关键人物，就是新喻侯萧映。萧映到吴兴就任时，刚认识陈霸先不久，见吴兴是陈霸先的家乡，再加上才二十岁的陈霸先体格魁壮，身手不凡，才思敏捷，萧映便把他带在身边，作为自己的幕僚参谋兼保镖护卫。

萧映是非常欣赏并看好陈霸先的，他公开夸赞陈霸先："此人将来远大，必胜于我。"萧映认为陈霸先将来的成就肯定比自己大。只是他无论如何也不会想到，自己这个伯乐相中的千里马，后来以风一般的速度迅速取代了他们萧家的天下。

几乎每一个王朝都是这样，掘墓人总是在内部产生，而且都是自己先给他们提供铁锹、铲子等挖掘工具的。萧映在跟陈霸先相处的过程中，不断地给陈霸先铸铁锹，造铲子，他无论到哪里任职，都把陈霸先带着。吴兴太守之后，萧映升任广州刺史，陈霸先又跟着他到了广州。就是在广州，陈霸先挣到了事业上的第一桶金，使自己的前程变得豁然开朗。

事情和萧映的堂兄弟萧谘有关，萧谘是鄱阳王萧恢的儿子，他爸也是梁武帝萧衍的兄弟，萧衍把这个侄子安排在交州做刺史。交州即今天的越南，现在越南是一个完全独立的国家，不过在南朝时，越南是梁朝的一个州郡，甚至都没有出现"越南"这个词汇。

"南越"这个词倒是有，西汉时期，赵佗曾创建了一个南越国，赵佗在越南的地位相当于成吉思汗在中国的地位，越南人把赵佗看成是越南历史上第一个正式王朝的皇帝。不过，这真的只是越南的一厢情愿。自秦始皇派大军南下，将百越之地收入秦国版图后，越南所在地一直是中国各代帝王直接统治的州郡，连带有自治性质的羁縻州都算不上。

到唐朝的时候，还在今天的越南首都设置过安南都护府，专门管辖两广和云南、越南这一大片南疆土地。越南第一次正式脱离中国直接管辖是在五代时期。此后的明朝虽然短暂恢复过对越南的直接统治，但很快就因为越南当地势力的激烈反抗而放手。越南在其国家存在期间，一直向中国称藩进贡，承认自己的臣属地位。"越南"这个国号的由来，跟"朝鲜"国号的由来相同，都是中国皇帝给取的名。"朝鲜"是明朝朱元璋取的，"越南"则是清朝嘉庆皇帝给取的名字。

交州刺史萧谘那会儿就在现在的越南当刺史，萧谘为人很差，仗着自己的皇室身份，对民众严厉刻薄，胡作非为，激起了民变。交州当地大户李贲带领交州民众反抗政府，萧谘吓得逃到了广州萧映那里。梁武帝得知交州暴乱事件之后，诏令驻扎在今天广东省的两个刺史卢子雄和孙冏火速发兵进入交州平乱，并命令他们两人听从萧映和萧谘指挥。

当时正是初夏季节，瘴疠盛行，卢子雄提出部队暂缓进入交州，否则肯定会因疾疫流行，致使士兵伤亡惨重。萧映和萧谘不答应，要求他们马上启程，进军交州。卢子雄和孙冏没办法，只好带着队伍冒险向交州开拔。现实正如卢子雄所料，部队还没走出今天的广西边境，士兵就因水土不服和痢疾而大量死亡，剩下的士兵害怕死亡会降临到自己身上，都在行军途中偷偷逃跑了。这样，还怎么去交州打仗呀？卢子雄、孙冏不得已带着剩下的残兵退回军营。

萧谘见卢、孙二人擅自退兵，向梁武帝萧衍告了黑状，说他们两人和交州李贲互通勾结。萧衍这时候快八十岁了，脑子已经稀里糊涂，听侄子说他们俩吃里爬外，勃然大怒，马上下令将他们处死。

卢子雄作为将军不仅忠心耿耿，而且非常体恤士卒，他的冤死激起了部队哗变。卢子雄及孙冏的手下将领周文育、杜僧明、杜天合等人义愤填膺，他们举兵暴动，打算杀死萧映和萧谘，为卢、孙报仇。于是，好几万人从东西南北四个方向包围了广州城，浩大的声势把萧映和萧谘吓得魂飞魄散，二人赶紧向陈霸先紧急呼救，请求支援。

陈霸先时任高要（今广东省高要市）太守，他得知广州危急后，带着仅有的三千人马就冲向战场。围城的有好几万人，陈霸先就三千士兵，居然真敢去救援解围，也不怕被人反包了饺子。更惊奇的是，陈霸先居然就靠这三千人马把围城的几万人打得落花流水，而且还把周文育、杜僧明等人打得心服口服地自愿投降，后来这些降将都成了陈霸先开国创业的大将，为陈霸先的天下霸业立下了汗马功劳。

这次广州解围，陈霸先初试牛刀就立下大功，惊动了梁武帝萧衍。萧衍听说这个以少胜多的传奇战绩后，对陈霸先充满了好奇，这个小陈这么厉害呀，这么厉害的人到底长什么样啊？萧衍很想看到陈霸先的相貌。要是现在肯定很方便，打开微信视频聊个天就行了，那会儿很麻烦，为了满足皇帝的心愿，画师要专门为陈霸先画张肖像，然后再快递到宫廷。

这事虽然麻烦，却是一份很高的政治荣誉，他毕竟是被皇帝专门索要过照片的人了。陈霸先一战成名，不久就被萧衍任命为交州司马，随新任交州刺史远赴交州，专门负责平定交州叛乱。陈霸先在交州待了四年，专治各种不服，以娴熟的用兵之法和凌厉的攻势把已经在交州称帝并设置百官的李贲打得东躲西藏，最后被少数民族首领杀死，首级被送往建康作为战果公开展示。安定交州后，陈霸先升任七郡军事都督，成为手握重兵的军区司令。

随后，侯景之乱爆发。陈霸先虽处江湖之远，却忧心朝廷，在广州招兵买马，决意北上勤王。为了阻止陈霸先出兵，侯景派人诱买广州刺史元景仲，说咱俩合作吧，你把陈霸先干掉，然后你来建康，我奉你为皇帝。侯景说的这种话，简直连鬼都不会相信，但元景仲却深信不疑，真在广州做起了皇帝大梦。

元景仲，大家看他的姓就知道，是北魏皇室专用姓，由北魏第一大姓拓跋改过来的。他爸爸就是上本书中提到过的北魏徐州刺史元法僧，头脑发热宣布脱离北魏，自立为帝，结果引得北魏大军压境，过了一个星期的皇帝瘾后，为了保命，就不得不带着徐州城投靠了南梁。

没想到皇帝瘾也能遗传，元景仲跟他老爸一样，为了实现自己的皇帝梦，积极卖力地暗算陈霸先。陈霸先比元景仲聪明多了，没费一兵一卒就解决了元景仲。他公开发布了一条讨伐元景仲的公告，说元景仲和反贼侯景互相勾结，朝廷已经派曲阳侯萧勃担任广州刺史，萧勃率领大军即将到达广州。元景仲手下将士得知刺史想造反，都不愿跟着他去冒险反朝廷，呼啦一下全跑了，就剩下元景仲一人，成了名副其实的光杆司令。元司令绝望了，拿根绳子在自家阁楼上吊死了。

元景仲死后，陈霸先迎接定州刺史萧勃担任广州刺史，之前陈霸先公告上说朝廷派遣萧勃讨伐元景仲，其实是陈霸先胡诌出来的，目的是为了动摇元景仲的军心。那时候，皇宫被侯景包围得水泄不通，连风筝都飞不出来，哪能给千里之外的广州城发号施令？不过萧勃倒是货真价实的皇室身份，他爸是萧衍的堂弟，他跟皇帝的关系虽然没有萧映和萧谘亲，但亲缘关系也不算太远，陈霸先认为推举萧勃为广州刺史，萧勃一定会火速派兵北上为建康解围。

不承想，这一次，陈霸先失算了。萧勃不但自己不愿去建康勤王，而且极力阻拦陈霸先领兵去建康。他苦口婆心地劝说陈霸先不要多管闲事，说你别去招惹侯景，就待在这里喊喊口号，虚张一下声势，做个样子就行了，这样可保自己长期富贵平安。

对于萧勃的劝说，陈霸先断然拒绝："今京都覆没，君辱臣死，谁敢爱命！"陈霸先坚持要北上打击侯景，他忧心如焚地回答萧勃说，京都被反贼占据，君王受辱，作为臣下，理应挺身为君王去死，不敢因为怕丢失性命就退缩不前。

这时候的陈霸先真的是忠心耿耿，一门心思地只想着尽快去讨伐侯景，为皇帝分忧解难。当时他的官品级别还够不上朝廷高级干部序列，完全不会有夺取天下、自己建国的想法。也许有借此建功立业的打算，但这也是正常的上进心理。

总之，在这种危难时刻，陈霸先能够不顾个人安危地千里救主，精神是非常可嘉的，跟萧勃形成了鲜明对比。陈霸先也对萧勃阻止自己北上表示费解，说你作为金枝玉叶、皇亲国戚，又负责一方平安，派我带军队去救援京城，总比一支军队不派要好吧，为什么要阻止我呢？史籍上没说萧勃是怎么回答陈霸先这个提问的，但可以通过历史的脉络分析推理得出答案，应该是萧勃见朝廷混乱，心里头生出见机行事、割据广州的念头，他见陈霸先是个人才，不想放走，想把他留在南方，以后好为自己服务。

无奈陈霸先心系朝廷，无论萧勃怎么挽留，他都执意要北上建康讨伐侯景。为了阻止陈霸先，萧勃甚至不惜跟陈霸先兵戎相见，在陈霸先率军前进到大庾岭的时候，当地土豪蔡路养在萧勃的指使下，带着两三万人早就在等着陈霸先了。蔡路养的军队在数量上绝对碾压陈霸先，是陈霸先的好几倍。蔡路养骄傲地对陈霸先说，现在带部队退回广州，啥事没有，要是想从这里过去，那就把命留下。这种选择题对陈霸先而言根本没有选择的可能——打过去！一仗下来，陈霸先再次以少胜多，要不是跑得快，想叫陈霸先把命留下的蔡路养自己就把命留下了。

陈霸先在大庾岭的这一战，不仅打通了自己前往建康前线的道路，而且收获了名将萧摩诃。萧摩诃就是蔡路养的妻侄，二十岁不到，但在战场上却勇不可当。萧摩诃的一生极其精彩，为陈国的创建和守成都立有大功，后文将专章讲述他的事迹。

陈霸先在摆脱萧勃的阻挡后，率军急速北上，由赣江转入鄱阳湖，再进入长江，和王僧辩率领的另一路讨伐侯景的梁军主力会师，此后王、陈两军精诚合作，直捣建康，平定了长达三年多的侯景之乱。之后，陈霸先杀死亲密战友王僧辩，控制了皇帝，并很快通过禅让创立了以自己姓氏为名的国家。

这些事情在上一本书中已经详细讲过，本书不再赘述。这里重点讲述陈霸先在杀死王僧辩之后，以一敌多，大战江东各派反陈势力，力挽狂澜，统一河山，击败北齐南侵大军，奠定自己建国基础的史实。

陈霸先杀死王僧辩之事，引发了巨大的后续反应。王僧辩跟随梁元帝萧绎多年，一直在荆州帮权力中心游走，根基深厚程度远非草根出身的陈霸先可比。他的突然死亡，让势力庞大的王家军集体亮剑，共同举旗反对陈霸先，嚷嚷着要替王僧辩报仇。

王僧辩的弟弟王僧智时任吴郡太守，陈霸先杀了他哥，他肯定是要站出来跟杀兄仇人拼命的。震州刺史杜龛是王僧辩的女婿，他能放过陈霸先吗？老丈人生前对他多关照呀，为了让担任吴兴太守的女婿既不离开吴兴这块富庶宝地，又能提高官职级别，王僧辩特意把吴兴郡升格为州，并改名震州，由女婿杜龛担任刺史。其他还有义兴太守韦载、南豫州刺史任约等人都公开反对陈霸先。

王僧智、杜龛、韦载所在的地区是今天以浙江湖州和江苏苏州为中心的长江东南片，建康得以无虞生存，主要就靠这大块地方的各种物资供应，东南根基一失，建康必然会灭亡。为了稳定东南局势，确保后花园安全，陈霸先在先期派出的东征大将周文育被杜龛和韦载阻击得战而无功的情况下，不得不亲自出马，率军杀向东南战场，把最重要的都城建康托付给自己最信任的两个部下侯安都和杜棱，叫他们两个在自己不在的时候，用心守城。

陈霸先果然跟他的名字一样，在战场上霸气无比，在路上行军的时间比在战场上打仗的时间长得多，到达东南战场以后，仅用几天时间就平息了战事，而且还收降了韦载。

韦载反对陈霸先尤其积极。在之前跟周文育作战的时候，他所在的义兴郡（今江苏省宜兴市）里有很多擅长使用弓箭的陈霸先的旧部。韦载抓了几十个这样的神箭手，用铁链把他们锁住，再派人监视着他们，让他们去战场上射击周文育的部队。

有人肯定会想了，这韦载也真是蠢得很，绑架这些神箭手有什么用？箭都在神箭手手里，他们可以保证把手里所有的箭都射向敌人，但谁能保证那些射出去的箭不是故意"枪口抬高一寸"的射法呢？你看，我使了吃奶的力气使劲地射，但射不中狡猾的敌人我也没办法。为了对付这种出勤不出力的情况，韦载自有他的办法："十发不两中者死。"

他给每个神箭手都下达了具体的杀人指标，平均每射出的十支箭中，如果射不中两个敌人，立即处死。正是这个要命的硬性规定让周文育吃尽了苦头。这些神箭手为了保命，每次都是一支箭射中一个人，箭无虚发的精确打击，生生阻断了周文育的多次集团冲锋。

真是不打不成交，这个鬼点子很多的韦载被陈霸先的作战水平和魅力折服，心甘情愿跟随陈霸先。陈霸先毫不怀疑地把韦载安排在身边作为谋士，韦载也不负所望，后来多次在紧要关头为陈霸先出谋划策。

陈霸先几乎每打一次大仗，都会在把勇猛的对手打败后，再将其收入自己麾下。他的立国功臣，几乎全都是他曾经的对手：周文育、杜僧明、周铁虎、程灵洗、韦载、萧摩诃……这些陈国重要将领都是在被陈霸先击败后自愿加入陈家军的。从这点可以看出，陈霸先不仅具有卓越的军事指挥才能，还有别人难以具有的领袖魅力。那些在战场上靠刀锋舔血生存的桀骜不驯的军头，哪一个不是天不服地不服的？唯独在陈霸先面前服服帖帖，俯首听命，如果陈霸先没有一点让人慑服的霸王气场，那些混世魔王是不会老老实实听命于他的。每一个成功的男人背后，都站着一大群力挺他的男人，不然一个男人即使再牛，也是成不了大事的。

陈霸先在成事的道路上遭遇了众多的曲折艰辛，他的江山，的确是他自己凭着个人实力在大风大浪里拼出来的，换成一般人，早就被风浪打翻淹没了。

他才从建康出来把东南方这边的火灭掉，建康城那边却发生了更大的火灾。

前线传捷报，后院闹失火。

任约和另一个以前投降北齐的将领——秦州刺史徐嗣徽见陈霸先离开了建康，觉得这是攻占建康的大好时机，两人率领军队突袭建康，很快便占领了建康的西边门户石头城，并且侦察骑兵耀武扬威地出现在皇宫内城城墙之下，很显然是贴近侦察，为攻打皇宫收集情报资料。

守卫皇宫内城的是侯安都，他手上兵马很少，不敢跟任约硬拼，逼急了，就凭着丰富的战场经验，趁对方松懈不注意的时候，小打小敲地攻击下对方，打完了转身就跑进城里关上城门，把任约和徐嗣徽气得干瞪眼。侯安都可不是孬种，嘴巴很厉害，说你们俩有种别走啊，我马上出来修理你们！其实他怎么可能出城，倒是派人出城给他大哥陈霸先报信去了，你快回来，我一人承受不来！

侯安都知道自己撑不了多久，如果陈霸先不马上率军回援，建康将无可避免地落入北齐手中。北齐这次是花了大本钱的，不断派兵南下增援任约和徐嗣徽。北齐皇帝高洋在得知前方军队已经占领石头城后，更是对夺下建康跃跃欲试，多次派遣军队南下。

高洋一开始派了五千士兵进驻姑孰，呼应任约和徐嗣徽的行动，然后又派了柳达摩、刘士荣等好几个刺史，带着一万兵马给石头城守军送去了一千匹战马和三万石粮食，而且还在源源不断地向南方增兵，大有一口吃掉陈霸先的架势。面对北齐搅局的压力，陈霸先没有慌神儿，而是趁着齐军眼睛只盯着建康，没有及时派军在自己回援的东边进行阻遏的疏忽，急行至建康外围排兵布阵，一边加强前线的军事防御，一边按照韦载的建议，重点骚扰打击齐军的运输补给线。

北齐军很快便尝到了这位战神级人物的苦头，在战场上各个方面被陈霸先吊打。先是侯安都发动突袭，用火攻烧掉了齐军的一千多艘战舰，接着周铁虎又袭击了齐军的粮食运输线，使石头城内的北齐军队出现了粮食危机。

为了尽快夺回石头城，拔掉这根钉在身边的钉子，陈霸先亲自出战，一个一个解决掉对手，首先受到陈霸先"关照"的是徐嗣徽，陈霸先率领精兵出击，把徐嗣徽的大营冲得稀里哗啦，徐嗣徽抵挡不住，只好叫柳达摩好好守城，自己跑到北齐讨要救兵去了。

柳达摩在陈霸先的军事高压下，也是步步后退，石头城外的防守栅栏被陈霸先攻破，战斗中，陈霸先身先士卒，自己冲在最前面，并带头放火焚烧齐军的栅栏，一时间，齐军阵地烈焰滚滚，熊熊大火映红了天空与江水，场面相当可怖，齐军失去斗志，吓得争相夺船逃命，为了争抢舟船，很多齐兵自相残杀，人多船少，只有杀死别人，才能确保自己拥有能登船逃命的船票。在这种情况下，北齐士兵被杀死的、淹死的有好几千人，剩下的残兵退入石头城内。

就在这时，徐嗣徽和任约带着刚从北齐搬回来的一万多名救兵进入了石头城。可这两人打心底里害怕陈霸先，面对陈霸先在石头城周围抢占战略要地，为下一步的大反攻铺路子、做准备，他们也不敢逼近陈霸先。徐嗣徽率领的水陆两路军队都不敢过分靠近陈霸先，只是远远地扎营，监视着陈霸先的动静，这位徐先生真是被陈霸先打怕了。

在徐嗣徽去北齐讨救兵的时候，他前脚刚走，陈霸先跟着后脚就抄了他的秦州老窝。侯安都带着一支特种突击部队，长途奔袭了秦州政府所在地，俘虏了徐嗣徽的全部家属亲人，过后，侯安都还把他养的一只宠物老鹰和一把高级琵琶派人打包快递给了他。徐嗣徽打开包裹，看到自己的爱物老鹰和琵琶后惊恐不已，不知道是怎么回事，直到看了侯安都放在包裹里的一封信才明白："昨至弟处得此，今以相还。"
可以想象徐嗣徽当时的惊悚程度。自己还在想方设法要把对方放倒呢，
没想到对方早一声不吭地摸到自己家里，把家给抄了个底朝天。遇到
这样的对手，他怎么能不害怕？

　　害怕的不光是徐嗣徽，守在石头城里的柳达摩也很害怕，他怕自己
再也没有机会活着回到北方老家了。因为陈霸先已经四面包围了石头
城，城里不但粮食缺乏，连水也没有了，一升水的价值能换到一匹布，
谁家里要是有一缸水，谁就是一个千万富翁。

　　形势到了这份上，柳达摩觉得保命要紧，他放下面子主动找陈霸先
和谈，说咱俩停战吧，别打了。只要你放开一条路，让我们安全回到
齐国，咱们就两国修好，罢兵休战。当然，柳达摩按照那时候的规矩，
给陈霸先提出了一个检验和谈诚意的条件，要求陈霸先向齐国派送质
子，以人质作抵押，确保和谈效果得到强有力的保证。

　　柳达摩的求和正好给了陈霸先一个就坡下驴的机会，其实陈霸先也
不想打这样的仗，被迫自卫而已。当时建康各方面都很空虚，百废待兴，
饥荒一直存在，因为连年战争更使人口锐减，建康城内的民众死亡加
上逃亡的，人口绝对值已经很小，根本无法收齐足以保障军队正常运
转的赋税，这个时候齐军提出罢战求和，陈霸先求之不得，岂有不答
应之理，而且当时朝廷内外都苦于战争，停战是民心所向，陈霸先必
须要应允齐军的要求，否则汹涌的民情将使他很难收场。

　　这个大环境陈霸先当然知道，他肯定会答应柳达摩的。不过，精明
的陈霸先在答应停战之前，妥妥利用了一把满朝文武急于和谈的心理，
他先是装出一副要和打到家门口的齐军血战到底的坚定架势，后来又

装出一副为了满足大家和谈要求，自己委曲求全的表情，心不甘情不愿地和齐军达成了停战协定。

在和柳达摩达成协议之前，陈霸先发表了一通公开演讲，告诉大家说，我本来是不想答应齐人的停战请求的，但我知道大家都不想再打仗。如果我不答应齐人的请和，大家一定认为我不体恤国家，舍不得送亲人去当质子，既然如此，那我就从了大家！

这就是所谓的政治智慧吧。明明自己心里高兴得跟吃了蜜糖似的，却偏偏要说苦得像吃了黄连一样，把别人骗得深信不疑，个个都觉得陈霸先为了迁就自己受了委屈，人人都觉得自己欠陈霸先一个人情。陈霸先要的就是这个效果。欠我的人情不要紧，但一定要记得还哦。

陈霸先在同意和谈的同时，其实已经提前为自己插播了广告。他公开预言："齐人无信，谓我微弱，必当背盟。"陈霸先断定言而无信的齐军虽然现在低声下气地跑来求和，但他们回去后就会背弃不战盟约的，他们的话，谁信谁傻。绕了一大圈儿，陈霸先终于在最后打出了自己的广告内容："齐寇若来，诸君须为孤力斗也！"你看，我为你们牺牲了自己的心灵，到时候齐军撕毁协议再来侵犯梁国时，你们可一定要为我拼死杀敌呀！

政治家就是这样，随时利用一切可以利用的手段和因素为自己服务，连侄子陈昙朗这次也成了陈霸先利用的棋子。齐军提出的最重要的罢战和谈条件就是要求陈霸先向齐国派送至亲和重要政治人物作为人质。陈霸先大义灭亲，把弟弟陈休先的儿子陈昙朗以及萧绎的嫡孙萧庄送到了齐国。

在交战国当人质，危险系数极高，当两个国家打起来的时候，谁还顾得上考虑丢在对方国家里的人质？一句"个人利益服从国家利益"就打发了，为了国家大我，你就牺牲小我，倒在敌人的心脏地区吧，我们会追认你为烈士的。

况且陈霸先送去的人质都跟陈霸先没什么太大关系，萧庄是别人家的孩子，死不死都跟他没关系。陈昙朗死了也没关系，毕竟亲侄子不是亲儿子。送陈昙朗去齐国当人质时，还闹出了不是一般大的动静："高祖虑昙朗惮行，或奔窜东道，乃自率步骑往京口迎之。"当时陈昙朗镇守京口，陈霸先担心侄子因害怕去齐国而擅自逃走，自己亲自率领着一队步骑军团到京口盛大迎接陈昙朗。这里的"迎"字当然是委婉的说法，说是去迎接，其实就是武力绑架，去也得去，不去也得去，想跑是跑不掉的，陈昙朗没有选择。

最后陈昙朗带着两个爱妾去了北方临漳，在那里还生了两个儿子，不过他作为人质的结局很惨，被恼羞成怒的齐国皇帝高洋直接撕票了。

陈霸先派到北齐作为人质的两个人真是有意思，两个人都是别人家的孩子，所以人质的死活他一点都不需要担心，在任何政治、军事环境下都不会有所忌惮，都可以甩开膀子随便干。这就好比跟别人赌咒发誓时指着马路上一个人说"我要是骗你就死他全家"的逻辑是一回事，怎么着自己都不吃亏。

北齐是玩不过陈霸先的，他们一直觊觎着江南肥沃的宝地，屡次派兵南下趁火打劫，但在陈霸先手上他们不但没有占到便宜，反而吃了大亏。陈霸先对当时局势看得很透彻，他了解北齐人，知道他们喜欢出尔反尔，上次齐军乞和撤退时，他就断言，这只是齐军为摆脱困境而不得已实行的权宜之计，大灰狼一定还会回来的。

果然，才过去三个月，北齐军卷土重来，对梁国发起了大规模军事进攻。公元556年三月，北齐派遣大将萧轨、尧难宗、东方老等人联合徐嗣徽、任约，集结了十万大军，快速推进到今天的安徽省当涂县境内，目标直指不远处的南梁都城建康。

建康城内的陈霸先当然坐不住了，他调动了建康周边的所有人马，在长江沿线各个重要关口设防阻击齐军，侯安都、周文育、周铁虎、程灵洗这些特别能打且对陈霸先忠心耿耿的猛将悉数参战，在沿江跟齐军近战搏斗。

北齐军队人多势众，在战场上是一直占据着优势地位的，只是陈霸先的手下将领太能打了，硬是将十万齐军挡在长江上游无法南下。北齐军队急眼了，最后突然脑洞大开，放弃了从水路攻击建康的作战计划，突然转道岸上，弃船登陆，由旱路直奔建康。这一作战策略收到了效果，齐军不久便将部队推进到建康城外围，尽管登陆期间侯安都、周文育等人沿途取得了几次阻击战的胜利，但由于齐军兵力太多，仍有很多士兵顺利实现作战目标，抵达建康境内，甚至有小股北齐侦察骑兵零星地出现在皇宫城墙附近，使得建康人心惶惶，朝廷宣布全城戒严。

这个时候，建康的形势岌岌可危，梁国军队在兵员数量、武器装备以及后勤供应等硬件上都不及远道而来的北齐军队，唯一的优势是在软件方面，就是陈霸先的领导力很强，将帅同心，他的麾下将领面对劣势无惧无畏，斗志旺盛，没有一丝异心地愿意为陈霸先效力。

在那个年代，不能把将领的这种行为上升到为国家、民族生死存亡而战斗的高度，那时候流行的都是手下将领忠心某个势力强劲的大军阀，心甘情愿为这个大军阀出生入死。当然，这种不要命的付出是期待有偿回报的，玩命冲锋陷阵的将领们，把所有的宝都押在他们全心拥戴的大军阀身上，希望大军阀有朝一日飞黄腾达，然后带着他们一起飞。

陈霸先就是当时众多将领认定的大军阀，他们诚服于陈霸先高超的军事才能和独特的人格魅力，忠心不二、齐心协力地为陈霸先效劳，而这种优势是南下的北齐军所没有的，正是这种团结拼搏，坚韧地拧成一股绳的力量，才使整体上处于劣势的梁军没有溃散败北，并最终守得云开见月明，在战场上实现了疯狂大逆转。

在战场形势逆转之前，北齐军队已经步步蚕食到钟山和玄武湖一线。钟山就是紫金山，是坐落在今天南京市内的一座山。钟山、玄武湖差不多是南梁皇宫的后花园了，北齐军队到了这个地方，可见当时形势之紧急。陈霸先调兵遣将，在一山一湖之间和齐军展开激战，虽然没能获得大胜利，但却取得了一项重大战果，在六月初的一次伏击战中，梁军在江面上袭击了北齐的后勤运输船队，缴获了许多满载粮米的补给船只。

这次并不激烈的小战斗给北齐军带来了极大的被动，士兵因为缺少粮食而忍饥挨饿，士气低落，为了充饥，不得不宰杀战马和承担运输物资任务的毛驴。作为一只作战部队，虽然杀驴宰马是一种饮鸩止渴的自杀行为，但为了填饱肚子，也管不了那么多了。对极度饥饿者来说，一切能吃的，都先吃了再说。饿极了，别说驴马，连人都照样杀了吃。

这类战场上的吃人惨剧在历史上太多了，可以说比比皆是，数不胜数。不过北齐这次因为双方僵持时间不长，没有出现人吃人的惨景，但对北齐士兵而言，处境也相当凄惨。缺吃挨饿也就算了，却屋漏偏逢连夜雨——真的是遇到了连夜雨，这句俗语用在这里并不具有修辞意义，而是实实在在的情景："会连日大雨，平地水丈余，齐军昼夜坐立泥中，足指皆烂。"

一场数十年一遇的大雨助力陈霸先彻底扭转了战争局势，北齐各路军队齐聚建康后，正打算全面攻城，没承想突然暴雨如注，没日没夜地下个不停，江河暴涨，平地水深超过一丈，北齐军几乎没法生火做饭，而且由于大水长时间不退，军士只能日夜生活在淖泥和洪水之中，脚趾头被泥水浸泡得破皮腐烂，军队士气低落，狼狈不堪。

而梁军主力所在的宫城之中，由于城墙阻挡，再加上地下排水设施完善，城内丝毫没有受到洪水的影响，路面干燥，梁军行动迅捷自如，和城外在泥水中苦苦挣扎的北齐军不可同日而语。

陈霸先岂能轻易错过这么绝佳打击敌人的机会？

在大雨稍一停歇，天刚刚短暂放晴的时候，他就决定抓住这个难得的时机向北齐军发起攻击。六月十一日，雨止云开，陈霸先筹划向北齐军亮剑。可这个时候，也并不是陈霸先说亮剑，部队士卒就能马上亮剑的，倒不是陈霸先没有指挥能力，而是部队没有粮食。士兵们每天只能吃一餐，个个饿得前胸贴后背，手上的剑都快没力气举起来了，还亮什么剑呀！

当务之急是在战斗开始前，让士兵们饱餐一顿，这样部队才会有士气，士兵才会有力气。但当时的生活补给条件极差："霸先将战，调市人得麦饭，分给军士，士卒皆疲。"为了让士兵们大战前能吃顿饱饭，陈霸先派部队到民间强行征收粮食。说是征收，其实就是明抢，几百个面黄肌瘦拿着刺刀长矛的大兵往你家门口一站，说跟你借点粮食，你是借呢？还是借呢？没法子，老百姓只能乖乖给粮食。

即便是这么来硬的，也就只搞到了少量的碎麦。陈霸先命令将这些碎麦煮成稀饭，分给士兵们吃。可这点食物哪能填得饱肚子？吃完了跟没吃一样，士兵们依旧饥肠辘辘、疲惫不堪。陈霸先正在发愁这场饿肚子大战怎么开打时，他的大救星犹如神助般地出现了。

这个大救星不是别人，正是陈霸先的侄子陈蒨。

陈蒨当时驻军京口，他知道建康补给困难，派部下给叔叔送来了三千斛大米、一千只鸭子。这些食材简直是救了陈霸先的命，当然，也可以说救了他自己的命，因为陈霸先死后，继承皇位的并不是陈霸先的儿子，而是陈蒨。如果没有这些雪中送炭的大米和鸭子，南北两国的这次具有决定意义的大战，很难判断最终谁胜谁败。

而一旦陈霸先战败，在当时各派强敌环伺的境况下，他很难有东山再起的机会，但有了这些来自京口的大米和鸭子，结果就不一样了："霸先命炊米、煮鸭，人人以荷叶裹饭，媲以鸭肉数脔。"陈霸先得到侄子送来的米、鸭后，立即淘米煮饭、宰鸭烹制。第二天早上天刚蒙蒙亮，南梁兵士每人得到了一份罕见丰盛的大餐——荷叶包饭。

　　散发着淡淡香味的荷叶里包裹着香喷喷的白米饭，每份米饭上都无一例外地堆放覆盖着好几块鲜香无比的鸭肉！要是搁现在，这也就是一份沙县小吃店里常见的鸭肉盖浇饭而已，再普通平常不过了，但在那个战争频繁、物资极度匮乏的年代，能吃到米饭和鸭肉，而且还是在连碎麦粥都吃不上的战场上，这太让士卒们意外、震撼和狂喜了。部队官兵体会了一把舌尖上的美味盛宴后，士气大振，个个心满意足地打着饱嗝儿，趁着天还没有亮透，从各个阵地向齐军发起冲杀。

　　齐军没有料到梁军会突然变得这么威猛有力，再加上被洪水围困多日，缺吃少穿，伤病缠身，有气无力，哪里抵挡得住吃饱喝足的梁军迅如潮水般的攻势。这一仗，北齐军败得特别惨，陈霸先投入了所有的兵力，使出了最大的力量，灵活运用战术，从不同的方向对北齐军实施多路攻击。

　　北齐军溃败如山倒，十万大军不成体系，各自分散逃命，被梁军可着劲儿地随便砍杀，再加上争相逃命途中的互相踩踏，北齐军的尸体在路上堆积得到处都是。不光是陆地上，江里面淹死的人更多："其军士得窜至江者，缚荻筏以济，中江而溺，流尸至京口，翳水弥岸。"

　　大量从战场上慌不择路逃出来的北齐士兵跑到长江边上的时候才发现，滚滚江水挡住了他们回到北方老家的路。不过这时候，因为追兵在后，他们别无选择，只有不顾一切地渡江。

　　乘船渡江是不现实的，游泳过去更不现实。着急逃命的北齐军只好就地取材，从江边的滩头上找来很多荻草，用荻草扎成筏子，然后坐着这样的荻草筏横渡长江。

想靠筏子过长江，也只有在马背上长大的北方人才敢这么干，熟悉水性的南方人绝对不会这么干，他们知道，这么干的后果就是淹死在江心。

荻草那玩意儿，看着特浪漫，是现代摄影家和古代诗人都特别钟爱的植物，飘逸潇洒的样子可以入画亦可以入诗。古诗里有数不清的荻字诗，最著名的当数刘禹锡《西塞山怀古》里的"今逢四海为家日，故垒萧萧芦荻秋"。

荻草的功能很多，可以防沙护坡，可以营造景观，可以烧火做饭，可以画荻教子，就是不能用来打造水上交通工具，这种松散脆弱植物扎成的筏子，被水一泡，被浪一打，就全散架了。

所以北齐士兵乘坐这种荻草筏渡江，就等同于跳江自杀，而且还是特意跑到风高浪急的江心去跳，死亡率百分之百。北齐士兵乘坐的那些荻草筏行驶到江心的时候，就整个散架了，筏子上的人全部掉入江中被江水吞没，没有一个人能够幸免于难。被淹死的北齐军士尸体漂浮在江面上，不停地随波拍撞着江岸，连下游几十公里外的京口都是密密麻麻的尸体。

北齐军这次被陈霸先和他的荷叶鸭子白米饭彻底打败，元气大伤，损失难以估量。十万南下大军，活着跑回北方的只有两三万人，包括北齐军总司令萧轨在内的四十六名将领成为梁军俘虏。

这么多高级将领被俘，让北齐皇帝高洋急得坐不住了，他派出使者向陈霸先求情，表示愿意向梁国割让土地和赠送牛马，希望能赎回这些将领。

　　虽然条件确实优厚，但陈霸先没有答应北齐的这个请求。他跟北齐打了很久，第一次取得这么辉煌的战果，正巴不得消灭对方的有生力量呢，怎么可能会把这些久经战场的将领再放虎归山，那不是给自己以后树对手、找麻烦吗！

　　没几天，他就把这四十多名齐军将领全部斩首了。高洋得知这个消息后，咬牙切齿地把押在他那里作为人质的陈昙朗给斩首了。只是高洋的这个报复对陈霸先来说，没有任何伤害。前文已经说过了，死的是他弟弟的儿子，又不是他儿子。亲侄子跟亲儿子，一字之差，差得太多了。不过陈昙朗被北齐斩杀之事，陈霸先当时是不知道的。到陈霸先登基称帝的时候，他都不知道这个侄子早已经死了，还遥封陈昙朗为南康郡王，直到多年后和齐国重新修好后，陈昙朗的死讯才传到南方，但那时候，陈霸先已经驾崩了。

　　和北齐的这场终极之战，在陈霸先的征战生涯中具有重要意义。这一仗让北齐损兵折将，实力大减，不敢再南下侵扰南梁。这对陈霸先而言是个难得的机遇，他得以腾出手来经营国内，扫平了许多不安定的局部力量，平定了在南方造反的萧勃，击败了长江中流的王琳，加强了摇摇欲坠的南梁朝廷的力量，同时也在一次次的军事行动中，稳固了自己的政治地位，强化了自己在朝廷中的绝对权威。

　　北齐大战之后仅一年多，陈霸先就自导自演了一曲禅让大戏。他先是在绍泰二年（公元 556 年）八月，授意梁敬帝萧方智封自己为陈公，顺便弄了个"剑履上殿、入朝不趋、赞拜不名、加九锡"的超级特权。

　　这四个词语在《南朝大争霸》系列图书中已经出现过好几回了，从宋武帝刘裕开始，南朝的四个开国皇帝都对这几项特殊待遇感兴趣，每个人都不能免俗地给自己弄一个。这四个特定词组几乎就是权臣篡位的代名词，一旦权臣向皇帝索要这四项政治待遇，那抢夺皇位就差不多成为定局了，皇帝不久就得卷铺盖滚蛋。

梁敬帝萧方智这个少年皇帝没有任何办法，他本来就是陈霸先所立，只能俯首帖耳地受制听命于陈霸先。陈霸先叫他怎么做，他就怎么以皇帝的名义下令执行。

在获封国公不到四十天，陈霸先爵位再上一层楼，又被封为陈王。王爵是人臣的珠穆朗玛，作为职衔，再也没有比这更高的天花板了，而陈王霸先依然不满足，他的目标不是天花板，而是天子。萧方智也知道陈霸先的心思，在和平氛围中很自觉地把皇位禅让给了陈霸先。

梁陈之间的皇位禅让不同于任何一个朝代的禅让，属于快闪式禅让——陈霸先十月初三被萧方智封为陈王，十月初六，萧方智就把皇位让给了陈霸先。陈霸先创下了封王三天就登基称帝的最快纪录，从王到帝，没有谁有他这样的闪电速度。

按照标准套路，大权臣夺位都是犹抱琵琶半遮面的那种，心里想当皇帝想得要死，但并不会直接一脚把皇帝从宝座上踹下来取而代之，而是在皇帝识时务地主动让座的情况下，还故意口是心非地拒绝说，不要不要，不行不行。然后在满朝文武大臣多次集体乞求大权臣为了天下、为了人民，请尽快登基上位的要求下，大权臣才勉为其难又心花怒放地登基称帝。

南朝的前三个开国皇帝都是这么干的，只有陈霸先与众不同，霸王硬上弓，自己一个人直入主题三天登顶，成为陈国的开创者。陈霸先称帝的时候，连他手下的大将侯安都、周文育都不知道，两人在战场上正和不服从朝廷的王琳部下打得热火朝天呢，有人告诉他陈霸先当上皇帝了。

侯安都被这突如其来的消息惊得目瞪口呆，垂头丧气地长叹道："吾今兹必败，战无名矣！"侯将军倒不是介意陈霸先登基称帝没有事先通知他，而是觉得陈霸先当了皇帝后，他眼下的打仗就变得师出无名了。之前他率领军队出来攻打王琳，所打的旗号是王琳不拥护、不服从以萧方智为皇帝的梁国朝廷，属于乱臣贼子，攻打他、消灭他没毛病。而现在陈霸先自己做了皇帝，成了乱臣贼子，还有什么理由去打王琳呢？在这种心态下，侯安都、周文育两位大将不仅被王琳手下一位名不见经传的将领杀得大败，而且还成了对方俘虏。要不是两人后来在监狱里买通了看守逃回建康，陈霸先的霸业将变得更为困苦艰难。

好在陈霸先自己能征善战，进了宫廷能做皇帝，出了大内能上阵杀敌。所以，纵使大将被俘，纵使局面艰难，他依然能屹立不倒、稳坐江山。如果把南朝宋、齐、梁、陈四个朝代开国皇帝的综合能力拿来比较一下，陈霸先应该是紧随宋武帝刘裕之后，排名第二。刘裕开疆拓土，气吞万里如虎，谈笑之间打到了黄河北岸，这种南方政权少有的大胜战绩，陈霸先是比不上的，但他的能力水平和智慧胜过萧道成和萧衍是没有问题的。

然而，就登基称帝时的政治军事环境而言，陈霸先所面临的环境最为凶险。刘裕接手东晋司马家的皇权魔杖时，国内局势在他的掌控下按部就班地运作已经很久了，他称帝的条件早就水到渠成了；萧衍的天下也是他自己带着许多人一刀一枪拼出来的，他踢开皇帝的时候，国家权力也完全在他掌心，远近都没有成气候的反对力量；萧道成的帝王之路就更简单了，他白捡了一个大皮夹子，皇帝身边侍卫把皇帝都定点斩首了，脑袋直接扔到他家院子里请他先验证，后进宫，得来全不费工夫地就获得了最高发令权。到他想坐金銮殿时，天下早已提前被他收入囊中了。

而陈霸先登基称帝那会，国内、国外形势都对他不利，北方的两个大国一直在冷眼旁观，咽着口水舔着嘴唇，时刻想寻找合适的机会吃掉这个南方小国。国内许多反对陈霸先的武装力量还在到处生事，新成立的陈国疆域也很狭小，朝廷军的势力影响只局限在长江下游一带。

一般情况下，大权臣都不会选择这种局势乱糟糟的时刻夺位称帝，这种时候多半是他们埋头苦干，奋勇战斗的时候，但陈霸先却不走寻常路，在大家都想不到的时候，摇身一变成了皇帝。

对于陈霸先的上位，不少史家都是持支持赞赏态度的，历史学家吕思勉甚至以"从来人君得国者，无如陈武帝之正者"这样的评语来点赞陈霸先取代萧家建立陈国的行为。

把陈霸先立国说得那么完美无瑕，当然是言过其实了，但无论从任何角度看，陈霸先取代萧方智都是进步和正确的。在那个国将不国的风雨飘摇年代，国家有一个足智多谋、胸怀远方的君主，确实比有一个弱不禁风、不谙军事的少年皇帝实际得多。

即使是成了皇帝，陈霸先也没有歇着，还是继续指挥手下将领到处扑烽火，灭狼烟，为自己的帝国强基固本。可惜的是，陈武帝陈霸先和宋武帝刘裕一样，都是当皇帝时间非常短的开国之君，都只活了五十多岁，都只当了不到两年的皇帝就病死了。

陈霸先虽然寿命不长，在位时间也短暂，但他头脑清醒，目光远大，称得上是一代明君。陈霸先在位期间，注重民众的休养生息，尽管国家处在烽烟不绝的战乱时期，但陈霸先在政治上仍坚持宽厚息兵的思路，除非是军事上确实紧急需要，否则不轻易下令抽税征兵。生活上，陈霸先作为皇帝，更是以节俭闻名，特别艰苦朴素。

《陈书·高祖本纪》真实地记录下了他日常生活的低调、简单，说他"俭素自率，常膳不过数品，私飨曲宴，皆瓦器蚌盘"。皇帝以身作则，自己带头践行节俭朴素作风，平常吃饭时，每顿都只有几个家常菜，私人请客时，同样看不到铺张的景象，根本不会出现豪华昂贵的金银餐具，盛饭的碗是粗陶制品，装菜的盘碟也没有描金烫银，只有简单的蚌壳装饰。至于后宫嫔妃，更是节约当头。嫔妃们几乎不穿彩色丝绸，都没有金玉翡翠首饰，甚至连用于娱乐的歌女、舞女和乐队，陈霸先都没有设立。

作为一个皇帝，这简直算是苦行僧般的生活了。然而，陈霸先却毫不介意，以骄奢淫逸为耻，以艰苦奋斗为荣，一心扑在国事上，取得了他同时代君王远不能比拟的治国业绩。

所以，从古至今的众多历史学家几乎都对陈武帝陈霸先毫不吝啬地表达了褒奖之情。虞世南的赞语直截了当："茋开业之令主，拨乱之雄才，比宋祖则不及，方齐高为优矣。"意思是说陈霸先乃难得的拨乱英雄，虽然比不上宋高祖刘裕，但比齐高祖萧道成则高出很多。姚察也对陈霸先赞不绝口："高祖英略大度，应变无方，盖汉高、魏武之亚矣。"在姚察眼里，陈霸先足以傲视一切皇帝，功绩才智仅次于刘邦、曹操这样的超级大佬。归有光的评价更高："恭俭勤劳，志度弘远，江左诸帝，号为最贤。"

　　吕思勉把陈霸先取代南梁政权的行为推崇为历史上最光明正大的皇位继承。虽然这个观点存在着仁者见仁的主观臆断，但陈霸先创立的陈国在那个血腥黑暗的大分裂时代，于长江以南地区确实很及时地起到了中流砥柱的作用。他的帝国虽如昙花一现，但存在的意义对华夏传统文明的传承与发展却有着非同寻常的火种意义。正是由于横空出世的陈霸先收拾了破碎家国，重整河山，抵挡住了游牧民族政权的蹂躏与冲击，使一直未曾中断的华夏文明在南方安全完整地存在着，并一直坚持到三十年后统一华夏大地的伟大人物——杨坚的出现。如果没有陈霸先稳定了南方，当本身就野蛮不堪的北方胡骑饮马长江后，天知道社会会出现怎样的倒退、战乱局面。

　　陈霸先的历史功绩是有目共睹的，只是他的生命结束得太匆忙太突然，不知道是得什么病突然死去的。六月十二日生病，六月二十一日就病死了。一个纵马驰骋、疾奔如风的男人，从生病到死亡只隔了短短九天，即便是当代人视之如噩梦的癌症，也不会死得那么迅速。从病亡的时间特征推断，一代雄君陈霸先极有可能是死于高烧感染类疾病，只有细菌感染类疾病才会让死亡这样来势汹汹。古代因为没有抗生素，即使是一点破皮伤口也极有可能引发各种细菌感染，导致一个身体健康者快速死亡。医术的落后，耽误和改变了多少历史！

　　因为陈霸先的突然死亡，改变了陈国帝位传承的历史。刚刚建立的南陈新朝，面临着接班人问题的考验，到底由谁来接替陈霸先的皇位，成为下一个帝国掌舵者呢？

第二章 谁是后生？

陈霸先辛劳一生，征战沙场，成就了自己的事业传奇。他中流击水、勇遏颓势，挽救了风雨飘摇之中濒死的萧梁王朝，却又半路截杀、反客为主，在大局稍定时急不可耐地推翻了萧家政权，把自己的"陈"字大王旗插上了建康城头。

只是，好景不长，幸福太过短暂。这个陈姓开国皇帝匆匆忙忙栽下一棵大树后，还没来得及等到乘凉的时候，生命便像树叶一样飘落了。陈武帝陈霸先登上皇位才一年多就死了，死时还不到五十七岁。陈霸先去世时留下的南陈帝国虽然相对狭小，但总算是一个完整的国家。乱世之中，陈霸先从刀光剑影中血拼出来的新南陈急需一个后生接班人。

那么，谁会是这个草创小国家的接班后生呢？

当然是陈霸先的儿子呀！皇帝老子驾崩了，他的儿子顶职继续当皇帝，天经地义呀，皇帝继承法上就是这么规定的，父死子继。

可对陈霸先来说，现实是那么的悲催，他曾经有好几个儿子，但在他离世的时候，身边却连一个儿子都没有——死的死，散的散。

陈霸先总共有六个儿子，前面五个都是在童幼时期就夭折了，只有第六个儿子陈昌健康茁壮地成长到成年，陈霸先驾崩的那一年，陈昌已经二十二岁了。这个年龄当皇帝正正好，不年少无知，又精力旺盛。只是皇帝陈霸先这个唯一的儿子，在陈霸先去世的时候，并不在陈霸先的身边。而且不单是儿子不在皇帝身边这么简单，就算是皇帝老子陈霸先，至少也有四年整没跟儿子见面了，当然不是因为陈昌忙于工作无暇跟父亲见面，而是根本见不着，因为陈昌并不在陈国，一直居住在千里之外的另一个国家的都城——长安。

陈昌在长安，不是去出差，不是去访问，更不是去旅游的，而是被俘虏过去的。这事说来话长，此处只简单交代下。陈昌在去长安之前是很幸福的，因为他爸平灭侯景有功，作为陈霸先唯一的儿子，他十六岁的时候就被梁元帝萧绎任命为吴兴郡太守。

吴兴是陈霸先的老家，很显然萧绎这么做是有意让陈家人衣锦还乡、光宗耀祖一把。不过皇帝总是对重要将领不太放心，后来又把陈昌和陈霸先的侄子陈顼一起弄到江陵，将两人放到自己身边作为人质牵制陈霸先，以防陈霸先生有不利于朝廷的二心。

这基本是历朝皇帝控制将帅的通行做法，没什么可说的。不幸的是，这叔侄俩来到江陵不久，西魏大军就呼啸而来，把萧绎和他的都城江陵给一锅端了。于是，刚满十八岁的陈昌和二十四岁的陈顼成为俘虏，被强制押解到西魏都城长安。这一去就是四年多。也是因为陈昌不在自己身边，所以在北齐要求陈霸先派质子到邺城时，陈霸先理直气壮地把另一个侄子陈昙朗送到了虎口狼窝，倒不是他故意不派亲儿子去，实在是唯一的亲儿子他连面都没法见着。不过，以陈霸先的个性，即使当时陈昌在自己身边，他也不会答应北齐的质子要求的，毕竟这是他们老陈家的唯一香火，他肯定不愿拿儿子做任何政治交易。

　　在陈昌叔侄俩被困长安的四年里，南北方的政治形势发生了真正意义上的天翻地覆大激荡。其间，纵横北方两百年的拓跋家族被宇文家族踢出了历史的舞台中心，西魏被北周取代。而在南方大地上，陈霸先也取代了萧氏，变梁为陈。尽管当年将陈昌、陈顼抓到长安的西魏国已经灭亡，但王朝更迭并没有给陈氏叔侄带来行动自由。

　　新生的北周国发现陈昌居然是对面国家皇帝的独子，认为奇货可居，整天好吃好喝地供着，但就是不放他回国。陈霸先登基后，多次派遣使者访问北周，希望能让陈昌回国。每次陈国使者带着礼物到达长安时，北周方面都答应得特别爽快，对使者说马上放人，您前脚回到建康，陈昌殿下后脚就到，但每次都是忽悠，嘴上答应，却没有任何实际行动。

　　陈霸先做了一年又十个月的皇帝，这么长的时间里，北周都没有释放陈昌回国，极有可能是陈霸先没有为对方开出有足够诱惑力的条件，如果大方地割一个州或者几个郡给北周，以土地换儿子，估计北周早放人了。不知道当时陈霸先是怎么想的，对手好不容易抓了一把王炸牌，不甩出足够让其心动的大饵，对方当然是不愿意出牌。

　　类似的事情，陈霸先处理起来似乎比他同时代的宇文护逊色不少。宇文护是枭雄宇文泰的侄子，宇文泰因为儿子都很小，临死前把军政大权交到了宇文护的手上，让他关照自己的儿子。不少人对宇文护的名字并不是很熟悉，但实际上这个人在中国历史上保持着一项永远无人超越的纪录——他是废杀皇帝最多的人。

宇文护真是把权臣之路走到了极致，掌权生涯中一共杀死了三个皇帝，只要对皇帝不满意了，就把皇帝废黜了，然后悄悄弄死。整个中国历史中，杀死一个皇帝的人很多，能有机会杀死两个皇帝的人就很少了，杀死三个皇帝的人就他一个。要不是北周武帝宇文邕韬光养晦偷机会把他给杀了，他还不知道要杀几个皇帝呢。

其实陈霸先向北周要求遣还儿子时，北周正是宇文护主宰的时期，当时北周皇帝都只是名义上的最高统治者，实际上统治北周天下的是宇文护。巧合的是，跟陈霸先向他要儿子一样，宇文护也在向他的对手北齐要妈妈。

宇文护小时候就因为战乱跟他的妈妈在北齐所属地界失散了。多年来，他一直像小蝌蚪找妈妈那样锲而不舍地寻找着，终于在三十多年后找回了已经八十岁的老妈妈。之所以能顺利找回妈妈，跟宇文护满足北齐方开出的交换条件很有关系。当时北齐见北周正联合突厥一起攻打自己，便开出条件对宇文护说，如果你不向我国进攻，我们便把你妈妈送回长安。宇文护不假思索地就答应了，最终换来了母子团圆。

陈霸先虽然思子心切，却并没有似宇文护那样向北周国抛出能让他们两眼放光的交换条件。他的侄子，也就是陈顼的哥哥陈蒨在这种事情上倒是很大方，他直接对宇文护说，放我弟回国，我送给你们一个郡！宇文护二话没说就派人把陈顼客客气气地送到了建康，而且还"买一送二"，把陈顼的老婆和儿子陈叔宝一并送回去了。

从实际结果来看，陈霸先在促成儿子回国这件事情上，表现和处置欠佳，最终不仅导致他死后皇位继承出现断档，也间接害死了自己的儿子。

永定三年（公元 559 年）六月，陈武帝陈霸先驾崩后，帝位面临着后继无人的窘境。皇帝就一个宝贝儿子，这个儿子却还远在国外，而且回不了国。这绝对是陈霸先没有想到的结果。他艰难创业，浴血百战，收拾河山待后生，他一心苦苦等待的那个后生，是他七年未曾谋面的儿子陈昌。谁承想，人算不如天算，陈霸先全心全意等待接班的那个后生，换人了。

陈霸先去世得过于突然。从现存史料分析，陈霸先应当是没有想到自己会死，他可能认为自己只是身体一时不舒服而已，过段时间就好了。这从他没有立遗嘱，没有钦定辅政大臣的细节就可以推断出来。以陈霸先的精明和缜密，如果感觉自己将不久于人世，他肯定会提前安排身后大事的。因为他的百密一疏，在他死后，南陈的政治形势发生了不利于他家的激变。

陈霸先死的时候，南陈朝廷基本是处在"空城计"的状态，军方大将都在各地忙着平叛作战，没有德高望重的老臣能在这个特殊时刻出来撑持局面，所有的事情都靠陈霸先的皇后章要儿做决定。章要儿当年五十三岁，跟陈霸先就生了这么一个宝贝儿子，她心里特别想让儿子陈昌继承皇位，可远水难解近渴，被软禁在长安城里的儿子无法来建康。

这种情况下，只能先紧急召回正在南皖驻军的临川王陈蒨，除了陈昌，血缘关系和陈霸先最近的亲人就只有陈蒨了。章要儿取得了负责皇宫安全保卫的中领军杜某（史料记载不详）和中书侍郎蔡景历的支持。杜某是陈霸先建国组阁的老班底成员，虽然当年刚起事时因为表现消极差点被陈霸先勒死，但自打昏迷醒过来之后就死心塌地跟着陈霸先闹革命了，所以陈霸先才放心地把自己的人身安全工作交由他负责。

这个时候杜某的态度非常重要，他握有国家核心区域的军事指挥权，可以根据形势需要随时封闭宫门，掌握主动。蔡景历也是靠得住的力量，他是陈昌少年时代的老师，所以操办起陈霸先的丧事来格外周到细致。

陈霸先的死讯在当时是绝对不能公开的最高机密，在陈蒨到达皇宫之前，必须要让所有人都相信皇帝还活得好好的，否则因为没有明确的皇位继承人，肯定会出现四分五裂的内乱。蔡景历决定先封锁消息，密不发丧，像平时一样接受各地送来的奏折，而以皇帝名义向全国发出的各种文件诏书和训令也照常进行。

这些事情都好隐瞒，唯一棘手的就是尸体的处理问题。陈霸先死的时候是农历六月，这个季节长江以南的气温已经很高了，白天三十多摄氏度是常态。这么高的温度下，如果不尽快把尸体装进棺材里，很快就会腐烂发臭的。可是，皇宫里哪有棺材呀，木料倒是有，可不敢刀砍斧削，连钉子和刨子都不敢用，生怕刨木料、钉钉子的声音传到了宫外而透露了皇帝死讯。最后蔡景历想到了一个好办法，将尸体浸泡在蜂蜡里阻止腐烂，等待陈蒨归来。

陈蒨接到回京城的命令后，急急忙忙往回赶，在路上正好遇到了从外地胜利回京的大将侯安都，于是侯安都便和陈蒨一道结伴回到建康。

六月二十九日，陈蒨到达皇宫。鉴于国家无主的紧急现状，侯安都和文武百官决定请陈蒨继任帝位。陈蒨虽然嘴上说不行不行，不敢不敢，心里面却高兴得像花儿一样怒放。他之所以假模假样地拒绝，是因为皇后章要儿没有发话同意。章要儿心里太不甘心了，自己家的皇位，白白送人太可惜了，她一心等待盼望着儿子陈昌的出现，所以不肯点头同意陈蒨继承皇位。

朝中文武百官没辙，一个个急得团团转。这时候，侯安都挺身而出，明确表示反对皇后，要大家共同拥立陈蒨为皇帝："今四方未定，何暇及远！临川王有大功于天下，须共立之。今日之事，后应者斩！"侯安都认为天下还没有安定太平，等不了远方的皇子回来即位了。他说陈蒨多次征战，有功于国，以眼下形势，大家应该同心共立临川王。

为了达到目的，侯安都放出狠话，对不同意拥立临川王的人一律斩首。侯安都说这话还真不是恐吓，他按剑上殿，直接走到皇后章要儿面前，让她交出皇帝玉玺。一个不享有"剑履上殿"特权的臣下敢腰悬宝剑走上金銮殿，不是刺客就是造反者。瞧侯安都那架势，不但是造反，还大有皇后你今天不交出玉玺老子就一剑杀死你的意思。章要儿哪见过这阵势，当场就服软了，吓得赶紧同意侯安都的意见，下诏由临川王陈蒨继承帝位。

帝位风波自此尘埃落定。陈蒨幸运地成为陈霸先之后的接班后生，这大概是陈霸先怎么也想不到的结局，他从烈火与鲜血中争夺来的江山，就这么无偿过户到侄子手上。而他一心想着念着巴望着回来接班的儿子陈昌，却因为北周方面的扣留不放，错过了最佳拥有天下的时机。

北周在陈霸先在位时，任凭这个南国皇帝怎么热脸贴冷屁股般地请求，就是死扣着陈昌不放，可得知陈霸先死后，北周却啥条件没有，马上释放了陈昌，并派人送他南下回国。

要说北周朝廷当时不放陈霸先儿子的这种类似政治要挟行为委实

不高明，缺乏长远的政治眼光。人家皇帝就这么一个独子，你放回去，他就是百分之百未来的皇帝。这样的皇帝，对北周有重大的政治利好。他会感恩戴德，对北周保持友好。而将陈昌扣在长安，他只是一个毫无价值的平民，有他不多，无他不少。可以说，愚蠢的北周朝廷抓着一副有至尊王炸的好牌，却让别人抢占了先机。陈蒨就是抢占先机的胜利者。作为胜利者，他都在重新洗牌，准备下一局的牌面了，这时候传来了一条让他手脚冰凉的消息：陈昌回国了！

陈昌是陈霸先的唯一嫡子，在南陈帝国，他才是真正的王炸。现在，王炸回来了，刚刚在牌局上春风得意没多久的陈蒨傻眼了，觉得这牌没法再打下去。他把力推自己即位的头号功臣侯安都召到身边，然后用几分伤感、几分可怜、几分无奈的口气对他说："太子将至，须别求一藩为归老之地。"正牌太子马上就要回来当皇帝了，到那时，我将乞求他封给我一个藩国，然后我就在藩国颐养天年，终老余生。

陈蒨虽然年纪不大，但却称得上是一个政坛老狐狸。他这会把侯安都找来明显是别有用心，甚至带着点激将怂恿意味的。他的内心是希望、渴望侯安都听完这话后，怒目圆睁一跃而起表示坚决反对，这样才会有他所期待的后续故事。让他暗暗高兴的是，侯安都听说他要退休让位后，果然怒目圆睁一跃而起坚决反对："自古岂有被代天子！臣愚，不敢奉诏。"

侯安都说自古以来哪有做了皇帝后又主动把皇位让给别人的事。打死他都不赞同陈蒨的想法，明确回绝自己不接受这项最高命令。侯安都反对陈蒨交班，倒不是说他对皇帝忠心可嘉，只是缘于当时严峻的政治形势而已。

　　侯安都知道自己的生命是和皇帝陈蒨连在一起的。是他在朝堂上拿着刀押着别人把陈蒨按在皇帝宝座上的，作为陈蒨的第一功臣，他就是陈昌的第一仇人。如果皇位代换，陈蒨不容置疑会被谋杀。世界再大，也容不下一个上届皇帝。而作为皇帝的红人，侯安都的生命毫无疑问也必将被鲜血染红。侯安都深知这一点，也明白陈蒨找他来的意思，两个人心照不宣地开始了下一步的行动。侯安都请求由自己亲自去北方边境迎接陈昌。陈蒨巴不得如此，别人去远迎，他才不放心呢。

　　陈昌人未到，信先到。作为陈霸先的唯一儿子，陈昌自信满满地从北周空降回国就任董事长。还没有到任，他就提前进入了最高领导角色。刚从出发地动身不久，他就写了一封信，派人先送给陈国时任皇帝，自己的堂哥陈蒨。这封信的具体内容现在已经无从知晓，但根据史籍"致书于上，辞其不逊"的记载，信中内容大致我们能想象得到，应该以责骂怪罪为主。你不是我爸的儿子，凭什么顶了我爸的职？吃了我的给我吐出来，拿了我的给我还回来！无非就是这些吧。

　　陈霸先这儿子这么些年就忙着当人质了，政治方面一点也不成熟，跟陈蒨比起来，差距不是一点点。你说你回来当皇帝，就悄悄地回来嘛，到门口后再喊开门，让别人来不及反应，没有做局的时间，多好。偏要先写一封措辞激烈的信件送过去，这不等于是告诉别人，你小子给我等着，看我回来怎么收拾你！陈蒨正是接到这封信后才把侯安都叫来商量对策的。

　　侯安都带着迎接队伍在安陆（今湖北省安陆市）见到了陈昌。这时候已是天嘉（公元 560 年）元年三月二十三日，陈文帝陈蒨已经有九个月的皇帝工龄了。以陈昌的政治观察力，他大概完全想不到侯安都这次没安好心，看不透这位皇帝特使是带着一份特别的任务而来，那就是，绝不能让陈昌活着回到建康！两天后，陈昌就落水"淹死"了。

真实的死因当然是被侯安都谋杀的。《南史·侯安都传》里对这件事说得很直接："因自迎昌，中流而杀之。"说侯安都自告奋勇去迎接陈昌，接到人后，待船行至江心时，把陈昌杀了，尸体扔进了长江。同样是侯安都传记，《陈书》的记载是："因请自迎昌，昌济汉而薨。"这里说陈昌是在渡汉江的途中死亡的。

汉江是长江最大的支流，距安陆不远。从安陆南下就到汉江，渡过汉江后再转入长江，经长江回建康是陈昌的唯一选择路线，所以死在汉江也是有可能的。汉江在武汉市汇入长江，安陆距武汉只有几十公里，陈昌死在武汉附近确信无疑。至于他是怎么死的，《陈书》没给出死因，但是"昌济汉而薨"这句话似乎暗藏着"春秋笔法"。

一个回国当皇帝的二十来岁小伙子，过江的时候突然死了。这难道不是死得莫名其妙、死的原因蹊跷吗？而惯于使用春秋笔法的司马光这次却在《资治通鉴》里将陈昌的死因写得明明白白，时间地点人物交代得特别详细："丙子，济江，中流，陨之，使以溺告。"三月二十五日，陈昌乘船渡江前往建康，行至江心，被朝廷派来迎接的使臣侯安都杀死。侯安都回到朝廷报告说，陈昌在船上不小心失足落水淹死了。

听说陈昌死了，陈蒨无比开心，将立功的侯安都封为清远公。不过心里高兴归高兴，表面上还得装出没有你从此我的世界一片黑暗的悲伤哀痛。每一个搞政治的都是戏精。陈蒨也是殿堂级演员，当陈昌的灵柩运到建康时，他亲自迎接，哭得伤心欲绝，都说伤心是一种说不出的痛，到他这里，伤心是一种说不出的装。

哭完之后，陈蒨为陈昌举办了一场规模盛大的葬礼，不但多金多礼，奉送谥号，还把自己的一个儿子过继给陈昌当子嗣，为他延续祭祀香火，态度真诚得让不明真相的广大人民群众觉得，这个陈昌简直是太没享福的运气了，枉费了皇帝对他那么好的一片心，那么真的一份情。

其实对着陈昌灵柩哭泣流泪的乌泱乌泱的一大群人中，只有一个人的眼泪是出自真心、发乎真情的，这个人就是陈昌的妈妈，皇太后章要儿。五十四岁的章要儿在三十一岁时才生下陈昌，所以她和陈霸先都非常疼爱这个来之不易的儿子。可儿子年纪不大，却经历了很大的波折苦楚。侯景之乱时，因为陈霸先起兵，章要儿和陈昌娘儿俩都被侯景监禁；好不容易等到侯景失败，又被梁元帝萧绎作为人质软禁在江陵；江陵没待多久，再次颠沛流离，被西魏掳掠到遥远的北方长安，在那里一困就是六年，从少年蹉跎成了青年。

至少从陈昌十五岁开始，章要儿就再也没有见过自己的儿子，没想到日思夜想的儿子，再见时已经是冰冷的尸体。作为母亲，怎能不心如刀绞、肝肠寸断？但更让她难受的是，她明明知道自己的儿子是被谋杀致死，也明明知道皇帝陈蒨就是杀害自己儿子的幕后真凶，但却不能指责凶手，不敢公开凶手身份，甚至还得天天对杀子仇人恭恭敬敬、客客气气，这得要深埋多大的仇恨，经受多大的委屈！

更委屈的是死者本人。陈昌死时才二十三岁，在他短暂的生命中，三分之一的时间都是在当人质、当俘虏，不能自由行动，不能和父母团聚，即使父亲已坐拥天下，他依然脱离不了俘虏身份。等他终于撕掉身上的俘虏标签扬眉吐气回国时，却不知不觉走向了死亡。他在残暴狠毒的侯景那当俘虏的时候没有死，在朝纲混乱的西魏当俘虏的时候也没有死，最后却死在了自己堂哥的手上。在权力和利益面前，亲人杀起亲人来，更为干脆利落，更为决绝无情。

陈昌的死，固然是陈蒨的阴险权欲使然，但作为皇帝的儿子，陈昌稀缺的政治经验和处事能力，也是他的致命短板。如果他有足够驾驭复杂政治局面的能力，有正确判断和洞察时事的思维，未必就会那么无声无息地死在侯安都的手上。

如果他不给陈蒨写那封充满傲慢、愤怒、质问、秋后算账意味的信件，不那么快地打草惊蛇，他的生命不可能那么快地失去。如果他能准确地感知侯安都来者不善，也是有化危机为转机的可能。比如他见到侯安都的第一句话就给他一个重磅许诺，只要你确保我安全到京，等我登基后，破例封你为王！在这么重的大礼包面前，以侯安都的政治欲望，他是无法拒绝的。这样的话，他掉转枪口和陈昌结成统一战线的可能性极大。因为王爵的诱惑，对一个非皇室近亲者而言，实在是太高不可攀了。

像侯安都，他杀死陈昌，为陈蒨立了那么大的功，陈蒨也只封给他一个公爵。可想而知，如果陈昌一见面就朝侯安都甩出一顶王冠，稳住侯安都，等他猛然出现在建康后，他和堂哥谁胜谁败还真的说不定呢。因为他作为皇帝嫡长子的正统身份，在当时是非常有号召力的，肯定会有支持拥戴他的政治力量，所以鹿死谁手未可知的机会是存在的。

陈昌和他的妈妈是一对特别悲剧的母子，相思相牵却不能相见。章要儿寿命较长，活了六十三岁，儿子被害死后第十年她才去世。可以想象这十年她孤苦伶仃的处境。虽然名叫"要儿",却从来都要不到儿子。他的儿子也是一样,名昌,字敬业。他倒是想敬业,可连上岗的机会都没有,爱岗敬业也就无从谈起了。

不过,对古代皇帝家族而言,第一家庭的悲剧是经常性的,要么上天,要么入地,有多高的利益就有多高的风险。陈霸先自己享受了上天的荣耀,把入地的残酷留给了妻儿。终其一生,陈霸先都在战场上厮杀,用敌人的血液浇灌、肥沃自己的国土,然后匆匆忙忙栽下了一个大树后就撒手西去。他不会想到自己栽种的大树,没有让自家的亲人乘凉,没有罩住自己心里期待的那个后生,而是福荫了侄子陈蒨这个后生。

唐朝诗人罗隐写过一首名叫《蜂》的诗:"不论平地与山尖,无限风光尽被占。采得百花成蜜后,为谁辛苦为谁甜。"陈霸先辛苦一生,采花成蜜,却像罗隐笔下的蜜蜂一样,到头来空忙一场,为他人做了嫁衣。

不过,这种观点是站在皇帝陈霸先家的立场上说的。对于整个国家来说,谁当皇帝,皇位在谁家流传,一点也不重要。重要的是,在位的皇帝是否是一个为天下着想、为百姓谋福利的明君。如果张家的皇帝一直昏庸无能,被精明贤德的王家抢去了御座又有什么不可以?又何尝不是一种社会进步呢?具体到南朝陈家,抢了叔叔家皇位的后生陈蒨到底是怎样的一种人呢?他留给历史的形象,是正面还是负面?是昏聩还是贤明?

第三章　陈蒨皇帝的"四个一"

陈蒨取代陈昌到底是对是错？

一分为二地看，应该是这样的：如果从人伦道义上讲，陈蒨为了达到自己的个人目的，杀人害命，必须谴责；可如果从客观实际和事件的真实结果看，陈蒨当皇帝显然比陈昌更合适。

尽管陈昌在历史上没有恶名，史料上对他的评价有"容貌伟丽，神情秀朗，雅性聪辩，明习政事"这样的褒奖之言，但在那个乱世，国家对皇帝人选的急切现实需要，不是看这个男人长得是不是高大魁梧，是不是潇洒俊美，而是需要集力量、智慧于一身的强者，这样的人遏制住混乱形势，将帝国带向平静安稳的美好彼岸。

当时的陈蒨，正是这样的标准人选。比起初出茅庐，成年后一直在外地出差当俘虏，毫无从政经历的陈昌而言，陈蒨各种经历经验都具有，在皇宫内廷，他身处中枢，负责过皇帝叔叔饮食起居全方位的安保；在血火战场，他能运筹帷幄，也能策马奔腾，毫无惧色地跟敌人刺刀肉搏。所以，无论从政治阅历、政治经验还是见识水平、治国能力方面看，更适合皇帝人选的并不是根正苗红的陈昌，而是别人家的孩子陈蒨。

因为北周的"帮忙"，陈蒨于机缘巧合之中成了南朝陈国的第二位皇帝，史称陈文帝。陈蒨的皇帝生涯很短，只在皇位上坐了六年多就死了。死的时候只有四十五岁，太可惜了。假如再给他十来年时间，跟陈霸先差不多年纪去世，南陈会在他的手里变得自信和强盛得多。陈蒨是一个好皇帝，算得上是位明君，不好战，不奢侈，不糊涂，不荒淫……史书上对他的评价几乎全是正面的，那些向来挑剔的史书作者也都纷纷在自己的著作里给他点赞。

虞世南说他"爵赏无偏，刑罚不滥，政事明察，莫敢隐情"，姚思廉说他"妙识真伪，下不容奸"，李延寿也附和姚思廉的看法。这么普遍被人夸奖，是有理由和原因的。作为一国之君，陈蒨在位期间确实做了许多有益于人民的事，真心实意为百姓谋福利。不对外侵略扩张，只是埋头深耕国内局势。

废寝忘食、夙兴夜寐、鞠躬尽瘁、宵衣旰食……这些形容劳模的成语词汇都可以毫不夸张地用到他的身上。陈蒨起自寒微，用现在的话讲，就是从最基层成长起来的领导干部，不像完全在深宫长大的纨绔子弟，不了解下面实际情况。他在三十岁之前，基本属于平民阶层，对社会现实状况特别清楚，接地气，知疾苦，懂民情，所以他的施政理念很有针对性，亲民亲农。

他主政期间，以农为本，兴修水利，注重农桑，下诏号召百姓种麦子、栽桑树，给贫困户租贷种子，倡导勤劳节俭，反对奢华浪费。在勤俭节约方面，陈蒨身体力行，以身作则，当时要是评选陈国艰苦朴素先进个人，陈蒨肯定获奖，他虽然过得不似梁武帝萧衍那般苦行僧，但日常生活也是能省就省，曾经专门下发"节约诏"："百姓空虚，凡供乘舆饮食衣服及宫中调度，悉从减削；至于百司，宜亦思省约。"

陈蒨觉得老百姓生活太困苦了，为了减轻百姓负担，他首先向自己的福利开刀，明确要求所有专门供应给朝廷的车轿、饮食、衣服以及宫中其他各种项目的开支，一律减少，同时他还要求文武百官也必须注重节约。先砍掉自己的特供，削掉自己的既得利益，这样的节约改革绝对是真改革，没有一点花架子的形式主义。陈蒨的节俭治国理念，一直到死都没有改变，在感觉自己将不久于人世后，病榻上的他还不忘节俭初心，以"王业艰难，频岁军旅，生民多弊，无忘愧惕"作为人生遗言，谆谆告诫守在他身边的大臣，要他们考虑体会到内战频繁、世道艰难、人民困苦的现实，争做知羞知耻知戒惧的节俭型好干部。

而陈蒨自己也确实是一个以身作则的好领导，虽然是无人能实际监督问责的皇帝，但他却对工作非常敬业，每天晚上都要命人多次打开宫廷连接外间的小门，第一时间把各地紧急传送来的奏章拿进寝宫里及时批阅，同时还特意交代在宫廷值夜班的巡逻警卫，要求他们在交接传令木牌时，一定要把木牌重重地扔到石头台阶上，使其发出清脆刺耳的声响。

陈蒨的这种"求虐"行为特别与众不同，别人睡觉时都希望清幽安静，而他却主动要警卫制造噪声，这么做的原因，说起来相当励志："吾虽眠，亦令惊觉。"意思就是，我虽然已经睡熟，也要用木牌撞地的声音把我惊醒！陈蒨，就是这样一个睡觉也会想着早点醒来批阅奏章的皇帝，他始终保持着清醒的头脑，而遇到一个有头脑又清醒的皇帝，在古代社会，是天下黎民百姓之福。

陈蒨是一个有为明君，执政期间，没有过分压榨掠夺百姓的事情发生，而是轻徭薄赋，尽量让百姓休养生息，恢复被战乱摧毁的元气。他继位时的国际环境，虽然没有陈霸先时代那么险象环生，但国内矛盾同样此起彼伏，许多军阀豪强不服陈蒨的统治，纷纷脱离中央朝廷，割据州郡，扯起造反大旗，宣布自立，但陈蒨面对不利形势，沉着冷静，运用各种战法手段，快速平息了各地叛乱，稳定了中央朝廷地位，使新生的南陈政权渡过了非同寻常的风险期，顺利进入良性发展的快车道。

陈蒨的一生虽然短暂，但可称得上是光辉的一生、战斗的一生，各方面取得的成绩如果评判的话，都可以打 A，这里不再一一细述。为了让大家更直观、深刻地了解并记住陈文帝陈蒨这个皇帝，我大致总结了一下，将陈蒨的一生，浓缩成了好玩好记的"四个一"：灭了一个宿敌、杀了一个将军、救了一个弟弟、爱了一个男人。

灭了一个宿敌。

这个宿敌就是上本书出现过的王琳。王琳是陈家名副其实的宿敌，他在陈霸先时代就是反陈的急先锋。陈霸先虽然打败过王琳，但并没有实力将其彻底击溃，只能眼看着王琳在长江中游慢慢坐大，最后为了稳定局势，陈霸先以朝廷名义对王琳采取怀柔拉拢政策，王琳虽然不敢招惹陈霸先，但对于陈霸先一个劲儿的媚眼示好，也是视而不见，爱搭不理的。很快，时间帮王琳打败了他怎么也打不败的陈霸先——陈霸先死了。

听说陈霸先死后，王琳一刻也没有耽误，马上带着军队离开自己的大本营郢州（今湖北省武汉市），沿江东下，向陈国都城建康杀去，他想趁着陈国国丧的时候大捞一把。行动进展很顺利，大军很快推进到今天的安徽省境内江面，这里离建康已经不远。面对着遥遥在望的建康城，王琳喜上眉梢，他觉得没了陈霸先这个老对手后，自己这次进城有望了。

为了阻击王琳，陈蒨派出了侯瑱和侯安都两位大将。两军在今天安徽省的无为县到芜湖市附近江面上对峙了一百多天，互相厮杀，难分胜负。两军僵持的这段时间正处于年底，是长江的枯水期，到了来年二月，大雨如注，江水暴涨，最适合大型舰队运动施展。

王琳随水而动，集结了合肥、巢湖地区的全部舰船，打算和陈军来一次总决战，摧毁陈国水军主力，铲除挡在自己面前的拦路虎。当时王琳舰队声势浩大，数不清的舰船首尾相接，一眼望不到头。他要趁着这大好时机，率领自己的无敌舰队，直捣建康。

可现实却是事与愿违。他只顾着在前方冲锋陷阵，却没料到大后方根据地摊上大事了！原来北周见王琳率主力东下，郢州防守力量空虚，便派出几万军队急攻郢州。王琳得知消息以后，吓得后脊梁冒汗，下令封锁这条消息，他害怕消息传开后军心瓦解。虽然大本营形势危急，但此时的王琳已是骑虎难下。退兵，不现实，一来回程遥远，二来陈军在侧，退兵必会遭到对方从后袭击，只能孤注一掷，咬牙向前、向前、向前。

事已至此，他决定加快攻击建康的步伐，指挥舰队全速冲向建康，希望在郢州被攻克之前，先打下建康，然后再火速回军救援郢州。不得不说，这是一个完美的计划。如果真的如期拿下建康，所有的后方危机立即自动化解，因为比郢州更好的建康已掌握在手中，即使失去了郢州，也不会使自己的军队蔓延恐慌情绪，况且，郢州还不一定就能被攻破呢。

然而，变化总是比计划快。王琳的计划丰满如大腿，现实却骨感得像肋排。他带着庞大的水上舰队，从含山县江面启程，横冲直撞到芜湖。大家可以去地图上看一下，芜湖距南京很近了，中间只隔着个马鞍山市。

如果认真观察下地图，我们就会发现，长江在安徽段的走向跟上中游迥然不同，其他地方的江水多是由西向东流淌，而安徽段长江整体大流向则是由南向北，在南京的时候才再次转为由西向东流向。所以，长江在安徽、江苏这段才会有特有的"江东""江左"这样的称谓，别的地方只能称江南、江北。

天嘉元年（公元 560 年）二月十四日，天空刮起西南风，王琳大喜过望，觉得是天助自己的大好时机。因为西南风劲吹，舰船驶往东北方向所在地的建康就变成顺风下行，走起来速度可快了。王琳决定好好利用这次天时，下令舰队立即起航，张帆鼓桨，乘风破浪，驰向建康。

跟他多次交过手的侯瑱，则带着自己的舰船，悄悄跟在王琳的后面。出了芜湖以后，王琳发现了尾随自己的侯瑱，很生气地想要剪掉这个尾巴。他下令对侯瑱实施火攻，无数火把扔向陈军，他要把陈军全都变成水上烧烤。

真不知道王琳是咋想的，在南朝梁陈之际，他也算得上是一位颇具实力的名将，曾打败了陈霸先麾下不少大将，这次却在战场上犯了一个致命的低级错误，自己在下风头，却对处在上风头的敌人采用火攻，结果引火烧身，一败涂地。

当时刮的是西南风，下风头自然是东北方向，风是往东北那边吹的，正是王琳舰队所在的方向。这样，王琳军士扔出的火把不但没落在陈军的船上，反而被西南风吹回到自己的船上燃烧起来。舰船着火后，王琳军立刻大乱，陈军抓住这一绝好战机，向对方发动各种威力巨大的绝命攻击。

有一招叫"熔铁洒之"，就是炼钢工人式的攻击，把钢铁熔化成铁水，然后舀起通红的铁水泼向敌人。铁的熔点是 1538℃，沸点是 2750℃，这么高温的熔液，落在船上会起火，落在人的身上，更是非死即伤。

除了这种从天而降的铁水雨让王琳舰队伤亡惨重外，还有陈军精心准备的拍舰也让王琳吃尽了苦头。所谓拍舰，就是冷兵器时代水上作战时的一种攻击型的战舰。舰上设有长长的、重重的拍杆，拍杆由粗大的木头做成，杆首处制作成巨锤状，当敌舰靠近时，原本竖立在舰船上的拍杆被解除固定装置，于是，粗重的拍杆就带着巨大的冲击力从几丈高的地方落下，击打在敌舰上。

被拍杆击中的地方，肯定是碎成一地木渣渣，若是砸到人的身上，那真的是当场碎成人渣了，没法救。陈军有备而来，军中特意安排了很多艘这种威力巨大的拍舰。拍舰所到之处，敌舰木屑蹦飞，军士惨叫连连，惊慌失措中跌落江中死亡的超过五分之一，剩下的也都弃船登岸，四处逃命，但被紧随不放的陈军砍瓜切菜一般追杀，死伤者数不胜数，各部队斩杀的敌人数字，都是以万为单位计算的。

王琳见败势无可挽回，偷偷乘坐小快艇突围而出，跑到寻阳，打算重新组织队伍再战，但此时军心已散，没人再愿意听命于他。王琳没辙，只好带着妻妾和左右亲信十余人，灰溜溜地投奔北齐去了。北齐是他的宗主国，一直在背后支持他到南方搅局，这次王琳南下，北齐也象征性地派了一万多骑兵在长江岸边为王琳护航，可惜这些骑兵被潮水般逃上岸的王琳军士挤到江堤边的芦苇丛中的烂泥沼泽之中，马蹄因为陷进泥沼之中不能动弹，骑兵只好弃马逃生，同样成为陈军的追杀对象，一万人最后只有两三千人活着跑回了北齐。

此战之后，王琳淡出了南方长江流域的历史舞台，他把控长江中流的强大势力顷刻间烟消云散。击败王琳是陈蒨政权最重要的军事胜利，王琳的消失，使得陈蒨对长江中下游地区的控制变得通畅有力，打通了长江、汉江的连接通道。

以郢州为中心的长江地带都是王琳的控制地区，汉江到长江的交通被全部阻断，陈昌回国时，就是因为王琳在这一地区的军事封锁，才使得他被困在安陆（今湖北安陆市）很久都到不了长江。王琳是当时实力最强的军事集团首领，陈蒨收拾掉他以后，各地割据势力对朝廷的压力骤然减轻，他可以腾出手来去对付国内像临川周迪、豫章熊昙朗、东阳留异、晋安陈宝应等军阀土豪的叛乱了。

以往对这几个不服自己，互相串联搞独立王国的藩镇势力，陈蒨因为王琳杵在自己身边，不敢对这些国内反叛势力逼得太紧，生怕跟他们都闹起来后自己内外受到夹击。当初为了安抚其中的势力强大者，还曾与其联姻，但王琳被荡平后，陈蒨没有了顾忌，得以腾出手来一个一个解决这些跟自己离心离德的割据者，牢固地控制了长江以南，巴蜀以东地区，使陈国基本站稳了脚跟。

所以，王琳这个宿敌的失败，对陈家而言，是个极为重大的政治军事利好，陈家在长江以南完全没有了同一量级的对手。不过，逃亡北齐的王琳并没有死心，依然想着回到南方，六年后再次带兵南下和陈国军队作战。陈家三朝皇帝经过接力传递，才最终将王琳擒拿击杀。

作为陈家宿敌，陈蒨时代把王琳打成了远投他乡的孤家寡人，使他从顶峰跌到了谷底，失去了挑战陈国的资本，这个战绩，给陈国的发展、陈家的安宁带来了难得的发展与机遇。可以说，姓王的倒下去了，姓陈的站起来了。

杀了一个将军。

看到这句话，可能会有读者想到很多皇帝的"制式动作"——屠杀功臣。的确，玩"过河拆桥，卸磨杀驴，狡兔死走狗烹"雷同套路的皇帝太多了，从秦朝到清朝，都不缺这样心狠手辣的皇帝。

但南朝陈是个例外。

陈国的几个皇帝都没有弑杀的毛病，这点在南北朝时期显得尤其突出。因为南北朝时期是暴君频出的年代，这个大年代的暴君比例奇高，横向看，跟陈蒨同期掌权的北朝皇帝都是暴君；纵向看，南朝宋、齐、梁三个朝代，哪个朝代都不缺暴君，只有陈家出品的皇帝，心智、心理和行为都表现正常，也就是最后一个陈叔宝稍昏一点，但却也不特别暴戾。

而陈蒨，这个爱才惜才，头脑冷静的皇帝却在自己的宫廷职业生涯中，杀死了一个对他特别有功的将军。

被杀的这位将军，就是对陈蒨登上皇位有着特殊贡献的侯安都。侯安都这人简直就是专业的皇帝推手，推谁谁上台。陈霸先也是他力推上台的。当年去偷袭王僧辩时，陈霸先在队伍临出发时还有点犹豫不决，侯安都把他一顿臭骂，警告他要全心投入，不然失败后大家都得一起死，硬拽着把陈霸先推上了前台。

到陈蒨的时候，又是侯安都拿着刀，吹胡子瞪眼逼迫着别人点头同意，然后又帮人帮到家，把老首长的儿子捆得像粽子一样丢进江中，让老首长的侄子完全没有后顾之忧地坐天下。陈蒨即位后，侯安都继续为当朝天子到处平叛，跟着侯瑱一起，击溃了陈国卧榻之侧的猛虎王琳，之后又镇压留异等叛乱将领，在战场上总是冲在前头，英勇到无所畏惧，中箭后不下火线，任鲜血狂流到脚后跟也不去擦拭包扎，直到把敌人打败。这样一个对朝廷忠心耿耿、有勇有谋的大将，陈蒨为什么要对他开刀呢？

这得从侯安都爆棚的膨胀感说起。

自连续多次出兵为陈蒨解除心腹之患后，侯安都变得骄傲蛮横起来，日常行为透露出非同一般的霸道和跋扈。他经常组织朝中文武官员在一起聚会玩乐，吟唱诗词，观赏歌舞，还经常在家中大宴宾客，一次招待的客人多达上千人。

一千人的宴席，得要多少厨师，多少食材，多少人力、物力？就算是现在，一次能办一百桌的酒店也不好找，在那个生产力水平低下、各种物资都匮乏的时代，能毫无障碍地操办起这么大规模的海天盛筵，大家可以脑补一下，侯安都家里该多么富有，势力该有多么强大！

而对臣下这种大规模的私人聚会，古代皇帝是非常敏感、非常在意、非常不爽的，因为担心会引发造反的群体性事件。那么多人聚集在一起，七嘴八舌，交流思想，一不小心就会出现陈胜、吴广那样的人物，所以，政治敏感力强的大臣是绝对不会干这种掏钱请别人吃饭，买来皇帝对自己疑忌的危险事情的。

可侯安都却满不在乎，照干不误。作为一个两朝元老级的人物，侯安都不可能不具有政治敏感性，不可能不知道皇帝对这类事情的反感，他之所以敢明知故犯，是因为他已经不把皇帝放在眼里了。

从他一系列的所作所为看，他确实是在挑衅皇帝陈蒨，考验陈蒨对他的容忍度。由于侯安都的纵容，他的部下将领也大都无视国法，不遵守军纪法令，坏事干了不少。那些违法犯罪的将领一旦被朝廷通缉追捕，就会跑到侯安都的府中躲起来，侯安都一律无条件包庇收留，官府不敢去侯家抓人，久之，侯家简直就成了通缉犯的天堂，随便往他家扔块石头，被砸中的可能就是通缉犯。

陈蒨对侯安都收容朝廷要犯的事情特别记恨，只是碍于他的拥戴大功，不好意思有所动作。侯安都见怎么做皇帝都没反应，行为越发大胆，到最后甚至失去了起码的君臣之礼：在给陈蒨呈递奏章时，奏章都已经封口了，因为临时想起了某件事需要上奏，便又拆开封口，提笔在奏章空白处另写："再启，某事某事……"。可以想象，皇帝陈蒨打开奏折时暴怒的心情。哪有给皇帝上奏章跟给儿子写信似的，"行人临发又开封"的感觉附体。投递员马上要出发了，又拉住人家把信封拆开，再在信纸上添上几句：儿子，你的小伢子会喊爸爸了，家里的老母猪拱坏了地里的白菜……给皇帝上奏如此随意，到底把皇帝当成了什么？皇帝当然不高兴了。

更让皇帝不高兴的事情还在后面。

《陈书·侯安都传》这样写侯安都在皇帝陈蒨面前的样子："及侍宴，酒酣，或箕踞倾倚。"参加有皇帝出席的宫廷正式宴会时，几杯酒下肚后，侯安都便本性毕露，恢复了自己拿皇帝不当干部的老态度，在陈蒨跟前大角度叉开双腿，脑袋耷拉，身体歪斜地靠在几案上。

这种情形是极度失礼的。在古人的社交场合，"箕踞"（叉开双腿）是一种大忌，差不多类似于今天的"竖中指"，是不能出现的，而侯安都竟然在皇帝面前箕踞倾倚。就凭这一条，就可以给他定个对圣上大不敬的罪名，发一个开除公职留朝察看甚至一杯毒酒赐死的处理文件，而且不会让人觉得他冤屈。随着陈蒨的假装看不见，侯安都在皇帝面前越发随意，一步一步走向作死的节奏。

有一次侯安都陪同陈蒨乘坐皇帝专用的游船进行水上游览时，他竟然逮着陈蒨问道："何如作临川王时？"他问陈蒨，比起当临川王那时候，你觉得现在怎么样？这话问得很无聊，在这个世界上，没有比做皇帝更快乐、更享受的事情了。当皇帝跟做王爷，根本不是一个量级上的，没有可比性。一个建筑工地搬砖的跟一个建筑公司董事长，能有可比性吗？你砖搬得再麻利，只要董事长发句话，就得无理由、无条件地滚蛋走人。公司是董事长家开的，他不想要你，神仙也留不住你。同理，皇帝要是想杀死一个王爷，也就跟董事长开除一个搬砖工那么简单。因此，侯安都这句话其实是明知故问。他焉能不知当皇帝的美妙感觉？之所以这么问，只是想听到陈蒨对自己的夸奖而已，体验一把别人吃水不忘挖井人的崇拜感，因为皇位是依仗他的力量夺过来送给陈蒨的。

面对侯安都求点赞的行为，陈蒨本不想回应。他觉得这个问题问得很无聊，而且自己作为天下之君，不方便就这个问题进行回应，于是便装作没听见，希望能忽略过去。没想到侯安都却不依不饶，一副打破砂锅问到底的架势："上不应，安都再三言之。"侯安都跟个复读机似的，皇帝不回答，他就一遍一遍地问，你感觉怎么样？你感觉怎么样？

此时，陈蒨最大的感觉是受到了臣下的轻视与侮辱，哪有这么不避讳、不看领导脸色、不顾首长感受的下级臣子？侯安都作为臣子，这么逼问当朝皇帝如此无聊而又敏感的话题，简直是石破天惊，可以说是胆大包天了。面对侯安都不停地催问，陈蒨心里已经气得想掀桌子了，但他涵养很好，没有当场发火，而且按照侯安都想要的答案回复说："此虽天命，抑亦明公之力。"虽然我当皇帝是天意决定，但也是靠了你的大力帮忙！就为了要一句夸奖之语，侯安都几乎把陈蒨逼得在心里咬牙切齿。

这还不算完。当他在豪华御用游船上酒足饭饱后，竟向陈蒨提出了一个让人匪夷所思的要求："宴讫，启借供帐水饰，欲载妻妾于御堂宴饮。"侯安都见御用游船设施豪华，乘坐舒适，便向陈蒨提出借用游船，要求游船里所有御用帷帐、用品和装饰物原封不动，全套家伙设备打包借给自己使用一次，他想让自己的妻妾在游船里举行一次宴会派对，让妻妾们开开眼，也顺便在妻妾们面前炫耀一下自己跟皇帝非同一般的老铁关系。

侯安都的这种向皇帝借用皇帝本人日常用品的要求真是闻所未闻，整个南朝没有第二例。按照惯例，皇帝使用的东西，臣下是禁止使用的，否则便是僭越谋反，死罪一条。而侯安都，不但不避而远之，还提出了借用皇帝御用物品的要求，丝毫不考虑后果。面对侯安都的借用请求，陈蒨虽然没有拒绝，但心里特别不开心，觉得这个借船举动太过分了。借到御船的第二天，侯安都带着一帮妻妾内眷在游船里尽情玩乐。他自己坐在皇帝陈蒨专坐的座位上，妻妾们则坐在臣属坐的位子上，举杯向侯安都敬酒祝福，那场面搞得好像皇帝接见群臣似的，简直是让侯安都过了一把皇帝瘾。

这次借船事件，又让侯安都在作死的路上快进了一步。最终引发陈蒨忍无可忍，决定杀死侯大将军的导火索是一次宫廷救火事件。有一次，皇宫里的重云殿失火，火势猛烈，烟尘冲天，大有蔓延之势。侯安都见状，率领军士进宫灭火。经过一番急救，大火终于被扑灭。按说，作为消防队长的侯安都，这次应该立功受奖了，可现实却适得其反。陈蒨第一眼看到的不是被烧得面目全非的宫殿，而是侯安都带来的全副武装的灭火军队！救火士兵们身上那锃亮耀眼的盔甲和刀枪，严重刺激了陈蒨的神经，他十分震惊侯安都竟然能全副武装进入皇宫！他想，如果侯安都的这些将士，不是来救火，而是来夺他性命的，那岂不是太可怕了！至此，陈蒨做出决定，除掉侯安都。一场大火，烧掉了积极前来救火的侯安都的性命。

天嘉四年（公元 563 年）四月，陈蒨的近臣蔡景历告发侯安都有谋反之心。这当然是蔡某揣摩圣意的结果。作为皇帝的近臣，就得有读心术，皇帝想要踩谁，要马上想方设法把这个人塞在皇帝脚板下；皇帝想要打谁，立刻飞快地把棍子递到皇帝手上。蔡景历看出了皇帝的心思，马上投其所好，将了侯安都一军。陈蒨接到奏折，立即查办。侯安都当时守备京口，手下拥有一支能征善战的部队。陈蒨不敢直接给侯安都定罪，怕激怒了他。为了干掉这位大将，陈蒨煞费苦心，以组织的名义给侯安都调动工作，任命他担任江州刺史，叫他回京接受调令，办理手续。

说侯安都谋反真是冤枉了他,这位年轻的大将,狂傲是有的,霸道是有的,不拿皇帝当回事也是有的,但造反真的是没有啊。这一点从侯安都高高兴兴地带着部队回到都城建康接受调令的行为也能推断出来。因为所有的谋反者在计划准备阶段都是具有极高警惕心的,在接到皇帝调令或者召见一类的命令时,都是或拖延不走,或拒绝应召,有的直接就此举旗反了,是不会冒险去皇帝身边束手就擒的。

而侯安都心里没鬼,以为就是正常的工作调动,毫不设防地来到了建康。六月,陈蒨将一切布置妥当后,邀请已在城西石头城驻扎了一个月的侯安都和他的部队进宫赴宴。侯安都到嘉德殿出席御宴,他的部下将领则到尚书朝堂集合。侯安都压根没想到,这场饭局对他而言是真正的鸿门宴,还没吃饱就被突然冲出的禁军逮捕。他的部下将领,也被全体控制,在被没收了马匹和武器后,又全部释放。当大局已定后,陈蒨才向文武官员公布了蔡景历的奏折,说侯安都意欲谋反,罪大恶极。

第二天,陈蒨下令赐死侯安都,侯安都遵旨自杀,死时四十四岁。陈蒨对侯安都的家人没有赶尽杀绝,赦免了他的妻子儿女,并对侯安都的遗体进行安葬,没有让他暴尸野外,算是对他当年支持自己帝王大业的最后一次优待。

陈文帝陈蒨一生并没有对朝臣进行过屠杀,侯安都是他在位期间杀死的唯一一位功臣大将。侯被杀时,陈国天下还没有完全太平,军事方面还处在急需人才之际,周迪、陈宝应等实力军阀还没有被消灭。像侯安都这样能纵横疆场、征伐四方的将帅之才,在如此多事之秋被毫不犹豫诛杀,足见陈蒨感受到了来自侯安都方面的巨大威胁,为了自己的权力安全,尽管侯安都还没有实质性的谋反行动,但本着安全第一，预防为主的帝位安全方针，陈蒨宁愿断腕也要痛下杀手，显示了他冷漠铁腕的一面。

救了一个弟弟。

陈蒨兄弟两人，他是老大，还有个老二叫陈顼。

说陈顼这个名字，大家可能比较陌生，不一定对得上谁是谁。但要说他就是那个《玉树后庭花》的作者陈后主陈叔宝他爸，可能大家一下子就记住这个人物了。陈顼前半生命运坎坷，跟陈霸先的儿子陈昌一样，有着超长时间的人质经历。先是因为叔叔陈霸先军事实力强大，梁元帝萧绎怕将来制不住这位猛将，便征召陈氏子侄到都城江陵作为人质。正是在这种背景下，陈顼随着表弟陈昌一起来到了江陵。没想到悲催得很，没过多久，他们的质子之旅就结束了，江陵被西魏国吞并，陈顼、陈昌两兄弟被俘虏到长安，开启了悲催的流浪之旅模式。

两个人在长安寄人篱下，北漂的日子过得不如意，不自由，一住就是好多年，如果不是南方政治形势发生巨变，两人都可能永久地成为北方居民了。随着陈霸先称帝，表弟陈昌的回国前景一片光明。哪有一个国家皇帝唯一的亲儿子在另一个国家到处流浪的？陈霸先登基后，思子急切，天天找长安方面要人：把我的儿子放回国！把我的儿子放回国！把我的儿子放回国！这么重要的事情，陈霸先当然说了不止三次，但北周方面始终没有行动，直到把陈霸先熬死才放回陈昌。陈昌是跟陈顼一起到长安的，北周在释放陈昌的同时，会不会将陈顼也一并释放了呢？没有。陈顼眼巴巴地看着陈昌南下回国，一种生无可恋的情绪弥漫全身，他感觉自己此生永无南归希望，只能老死在黄河边上了，谁叫自己没有一个当皇帝的老爸呢。

　　陈顼没想到，爸爸不行哥哥行。他哥陈蒨干掉了自己最羡慕的回国者，牢牢坐稳了皇位。和陈昌的老爸皇帝一样，见自己的弟弟还被扣在长安，陈蒨也朝北周大喊：把我的弟弟放回国！把我的弟弟放回国！

　　弟弟陈顼在陈蒨心目中非常重要，他登基称帝后，把迎接弟弟回国当作一项重要任务，不断派遣外交人员赴北周交涉协商，请求让陈顼回到建康。来来去去好多次，陈蒨铁了心要把弟弟要回来，不惜一切代价，最后放出"以地换弟"的大招："赂以黔中地及鲁山郡。"

　　陈蒨不爱江山爱弟弟，下令将今天的贵州省部分地区以及湖北武汉市汉阳区这么大地盘无偿送给北周，只为了弟弟能平安回国。这么大的肉包子砸到谁头上，谁都受不了。北周皇帝抱着大包子乐得合不拢嘴，放人，放人，马上放人！

　　经过陈蒨坚持不懈的努力，在释放陈昌一年多以后，弟弟陈顼终于拿到了回国的船票，他生怕北周突然反悔变卦，赶紧水陆兼程，抵达南陈建康。从公元554年十一月被俘，到562年十一月回国，陈顼在北方过了整整八年的非自由、准囚徒的生活。而其实，陈顼早在557年陈霸先登基时，就被遥封为始兴王，陈蒨继位后，又将其改封为安成王。

　　这王爵要是在陈国国内，自是显赫无比，但在异国他乡，一钱不值，照样被看管，被各种限制。陈顼的存在，对北周来说很重要，他是一个压秤的大砝码。所以北周释放陈顼一家人时，就跟挤牙膏似的，分期分批操作。当年陈顼去北方时，和堂弟陈昌孤家寡人的身份不同，他是跟老婆柳氏以及儿子陈叔宝一起去的。不过江陵失陷那时候，陈叔宝才一岁多，是在褓褓之中被抱到北方的。北周在处理陈顼一家三口归国时，颇费了一番心思，先是让陈顼走了，老婆孩子没让走。又过了好几个月，在陈国方面多次沟通协商后，才把这娘儿俩放了。

陈蒨对陈顼真是没得说，费尽周折救回了这个弟弟。在他眼里，自己跟弟弟是一对缺一不可的筷子兄弟，无论如何都要把弟弟救回来。陈顼归国后，不但受到了皇帝哥哥的热烈欢迎，同时也受到了高度重视。陈蒨在和弟弟共同相处的三年时间里，对弟弟比对自己还好，几乎每年都给他授予官职，导致陈顼身上的官位简直多到难以数清：侍中、中书监、中卫将军、扬州刺史、尚书令、骠骑大将军、录尚书、都督中外诸军事……这些职位，随便拿出一个，都是很多人奋斗一生也不可能达到的职级高峰，陈蒨恨不得把所有重要职位都绑到弟弟身上，可见他有多疼爱这个弟弟。只是他怎么也想不到，他把兄弟当成了筷子，兄弟却把他当成了美味肥肉。在他死后尸骨还未寒时，就夺走了他家的皇位，江山被自己救回来的弟弟一筷子夹走了，连汤都没留下一滴。

爱了一个男人。

陈蒨是个男人，他爱了一个男人？这不是我们常说的同性恋吗？

别惊讶，没什么大不了。中国帝王中的同性恋大有人在，一抓一大把：春秋战国时期的卫灵公和弥子瑕、魏安釐王和龙阳君、汉文帝和邓通、汉哀帝和董贤、前秦皇帝苻坚和慕容冲……因为这些好基友的存在，中国古代很早就产生了龙阳之好、分桃之爱、断袖之欢这些专业的同性恋代名词。

龙阳之好指的就是魏安釐王和龙阳君。魏王只爱龙阳君这一个男人，为了向龙阳君示爱，曾下令举国禁论美人，违禁者满门抄斩。

分桃之爱讲的是卫灵公和弥子瑕。美男子弥子瑕和男朋友卫灵公在桃园里游玩，弥子瑕摘下一个桃子吃了一口，觉得味道很甜，便把这个沾了自己口水的桃子递给卫灵公分享，差不多相当于今天热恋中的情侣你一口我一口，彼此不嫌对方口水同吃一根冰棒的意思。这就是"分桃之爱"典故的来历。不过令人想不到的是，后来这件事来了一百八十度大转弯。当卫灵公对弥子瑕丧失了新鲜度而爱上别的男人时，"分桃"便成了抛弃和定罪的借口。卫灵公说弥子瑕太不像话了，竟然把自己吃剩下的桃子送给国王吃，太恶心、太不讲卫生、太不尊敬领导了。

断袖之欢的流传度最高。有一天中午，汉哀帝刘欣和董贤一起睡觉，刘欣醒后想起身下床，却发现董贤的头枕在自己的衣袖上睡得正香。刘欣觉得这时候如果自己硬抽出衣袖，一定会惊醒董贤，打扰他的清梦。为了不使自己的起身影响基友的美梦，刘欣拔出宝剑割断了自己的衣袖。这份体贴入微，羡煞了多少恋爱中的男男女女！不过，这种动辄刀剑伺候衣服的行动，大概也只有不差钱的皇帝才能付诸行动。普通夫妻，老公要是因为老婆压着自己的衣服，就拿出剪刀三下五除二把衣服给剪了，估计老婆醒后不但不感动，反而会责怪老公是败家玩意儿。

跟上面所提到的帝王一样，陈文帝陈蒨也有一个自己特别喜欢的男人——韩子高。

大家都知道中国历史上有四大美人。如果能评选十大帅哥的话，韩子高肯定当选，他在颜值上和潘安、宋玉是一个级别，美得让男人动心，让女人嫉妒。史书上说他"容貌美丽，状似妇人"，一个大男人，不需要反串化妆，仅靠素颜就看上去比女人还娇媚俏丽、风姿绰约，简直让人分不清这到底算花样美男还是绝色美女？

明代"三言"的作者冯梦龙在他的《情史》里这样描写韩子高的容貌："边幅美丽、纤妍雪白、螓首膏发、天然蛾眉,见者靡不啧啧"。这大概能算是一种顶级规格的人物外貌描写了,"螓首蛾眉"来自《诗经》,是形容一位绝世美女容貌的,这四个字的后面紧接着的便是很多女人都特别喜欢别人用它来形容自己的"巧笑倩兮,美目盼兮"。由此可见韩子高的貌美程度。

韩子高这个名字,听起来好像是现在韩剧里的名字,挺时尚的。其实这并不是他的本名,韩子高的真实姓名说出来怕你喷饭:韩蛮子。"蛮子"这个词几乎在任何时候都不含褒义,基本上都是北方人对南方人的一种轻视的蔑称,包含着粗鄙、蛮荒、没文化等贬义。那么漂亮美逸的一个人,居然取了这样一个俗不可耐的名字,就好比杨玉环叫杨大锤,王昭君叫王招弟一样,明明是香咖啡,却叫出了一股大蒜味。后来韩蛮子跟了陈蒨之后,陈蒨嫌他的名字太俗气,于是给他改成了至今仍不过时的韩子高。

给孩子取出如此粗俗名字的人,一定是来自下层家庭。古代的中国,上层人士对子女取名特别重视,从《诗经》里找,从《周易》中挑,从《论语》里摘,外加沐浴焚香、阴阳八卦啥的各种讲究。只有下层民众给孩子取名才不讲究,经常是逮什么叫什么,出生时第一眼看见水瓢,就叫王水瓢;看到木棒,就叫韩棒子。

大家都超级熟悉的刘邦和朱元璋,这哥俩名字基本就是按照这个套路来的。刘邦本名刘季,按照伯、仲、叔、季排行顺序,他是第四个出生的,就叫刘季,说白了就叫刘老四。这哪像个正规名字呀,到派出所办身份证,警察叔叔都不一定相信是真名;朱元璋本名朱重八。为什么叫重八呢？因为前面七个堂哥、亲哥已经占据了重一到重七，他只能叫重八了。这两人往后一发达，立马就抛弃了原来那个拿不上台面的名字。尤其是朱元璋，不仅重新给自己取了个高大上的名字，还专门制定了一个朱家后代取名基本法，规定以后他的后代取名必须遵循两大原则，一是姓名必须三个字；二是最后一个字必须得带五行的偏旁。所以你看明朝皇帝的姓名：明景帝朱祁钰、明孝宗朱祐樘、明光宗朱常洛、明仁宗朱高炽、明宣宗朱瞻基……金木水火土，一个都不少，史上五行最全的皇帝家族名。

韩子高家跟没发达之前的朱元璋家一样，穷得叮当响，所以取名当然也一样没讲究。韩家世代都是农民，靠做鞋、卖鞋为生。南朝是中国历史上的一个小分裂时代，改朝换代频繁，各种战争如家常便饭，农民流离失所到处逃命是常态。韩子高是会稽（今浙江省绍兴市）人，因为侯景之乱，三吴之地遭到极大破坏，不得不流浪建康。侯景被平定后，十六岁的韩子高准备返回家乡。正是在这次回乡的路上，陈蒨遇到了花美男韩子高。

"只因在人群中多看了你一眼，再也忘不掉你的容颜。"陈蒨和韩子高的相见正是如此。陈蒨在乱糟糟的逃荒人潮中看到了个子高挑、肤白貌美的韩子高后，惊为天人。他马上主动跑到韩子高面前问道："能事我乎？"你愿意跟在我身边侍奉我吗？因为陈霸先的关系，陈蒨当时已是一位军界大将，这样的大人物看上自己，韩子高受宠若惊还来不及，岂有不答应之理？如此，韩子高便成了陈蒨的贴身勤务兵，也可以说是成了王的男人。

关于陈蒨和韩子高之间的关系，民间传说甚广，尤其是到了通俗

　　小说和杂剧流行的晚明时期，两人之间的故事更是成为市场抢手的创作题材，像《陈子高传》《男王后》等作品，都是表现陈、韩之间风流韵事的。小说家或剧作者为了吸引读者，抓人眼球，极尽夸张，故意放大两人之间的暧昧情事，甚至出现了陈蒨要封韩子高为"男皇后"的情节。这些其实是妖魔化了韩子高，正史中的韩子高并非如此。

　　我们必须承认，陈蒨和韩子高之间是有着不同寻常的同性关系的。也许他们之间的好，越过了我们对同性友谊的定义界限。至于韩子高是不是应该叫男宠，或者陈蒨是不是让人难以接受的同性恋，史书上的帝王本纪中虽然从来不会出现这样直接的定性，但史官的记述中，似乎总有些值得玩味的"春秋笔法"，后世每个读史者都能从这些若有若无、隐隐约约的叙述中，找到一些自己的理解。

　　陈蒨和韩子高的关系，权威史籍中有这样的记载："文帝甚宠爱之，未尝离于左右。"从字面上看，关系的确不一般，不但用了似有所指的"宠爱"一词，还有更让人浮想联翩的"不离左右"暗示，可见偏向性明显。两个大男人，说什么宠不宠、爱不爱的？还不离左右。白天黑夜都在一起吗？最后，陈蒨在病重临终前，不允许满朝文武任何一个大臣接近自己，却要韩子高入侍医药，让他二十四小时在自己身边端汤送药，侍候照料，干的全是老伴的活儿。所以，基本可以肯定，陈文帝陈蒨是一个双性恋。他既喜欢美丽的嫔妃，也喜欢漂亮的韩子高。同性之恋古已有之，并非什么洪水猛兽。当今，有的国家都已经同性恋合法化了。对于皇帝而言，只要没有危害国家和人民的负面行为发生，这方面的癖好在整体评价君王时是可以忽略不计的。

　　然而，一朝天子一朝臣。任陈蒨怎么宠爱韩子高，怎么给他加官进爵，在他自己这个最大的保护伞不复存在后，伞下的任何东西都会被雨打风吹去。韩子高作为陈蒨身边的第一红人，在陈蒨死后，很快便遭到清算。有人举报他试图谋反，最后被逮捕抄家赐死。而决定这一切的，正是陈蒨拼命从北国救回来的弟弟陈顼，他为了争夺权力，控制朝政，在朝廷掀起了一股铲除异己的诛杀风。韩子高作为先朝老臣、忠臣，自然会出现在必杀的黑名单上。死的时候，韩子高刚刚三十岁，距陈蒨驾崩之日还不到一年。

　　陈蒨死后，在陈国的舞台上，陈顼很快就变成了男主角，所有人都以他为中心，成了他的配角。

　　这个陈顼，是怎么在如此之短的时间里实现摇身之变的呢？

第四章 叔夺侄位

　　陈顼后来之所以没怎么费力就主宰了南陈，跟南陈第三任皇帝陈伯宗的为人绵软有很大关系，是陈伯宗给了叔叔陈顼从容动手，革掉自己性命的机会。

　　陈伯宗，陈文帝的嫡长子，是陈蒨和皇后沈妙容所生，正宗的皇帝法定继承人身份。陈蒨登基称帝的当年就诏告天下，立陈伯宗为太子。那一年，陈伯宗还不满六岁。

　　岁月流淌。到陈蒨驾崩时，陈伯宗已经是一个十四岁的翩然少年了。这个年龄于今天而言，还只是一个不谙世事的初中一年级学生。不过在古代，因为所受到的教育和当时社会现实在他们身上以及心理上所投射的角色定位关系，再加上陈伯宗作为皇太子所拥有的私人订制般的高档栽培，这个年岁至少相当于今天二十岁的成熟度，如果接任皇帝大位，配几个辅佐大臣，扶上马，护一程，是没有什么大问题的。

　　但令人颇为费解的是，面对已经十几岁大的亲儿子，陈蒨却不想让儿子接班当皇帝："太子伯宗柔弱，上忧其不能守位。"陈蒨认为皇太子个性软弱，将来一定守不住皇帝的位子，会被人中途赶下御座，占位夺命。所以他当面对弟弟陈顼说："吾欲遵太伯之事。"

太伯是周朝的奠基者周文王姬昌的大伯父。他是吴姓鼻祖，因此又被尊为吴太伯。吴太伯的父亲周太王有三个儿子，老大太伯，老二仲雍，老小季历。当然，这里喊周太王纯粹是客气话，"太王"这个尊号是周文王送给爷爷的头衔。其实当时周太王只是一个部落首领，离后来意义上"王"的概念还差着一个太平洋呢，那时候的部落顶多也就相当于今天一个乡镇规模吧，没多少人口。

不过周太王的部落首领职位是可以世袭的。按照继承法，长子太伯在父亲死后可以继承首领职位。但太伯的父亲特别喜欢季历的儿子姬昌，为了让自己的心肝宝贝孙子将来能顺利成为部落首领，周太王爱屋及乌，想让季历接自己的班，这样，部落权力以后就可以自然而然地交到季历的儿子姬昌手中。

可季历是老三，前面还有两个哥哥，怎么着也轮不到他接老子的班呀。孝顺的太伯和仲雍知道了老爸的心思，为了给三弟创造接班的条件，两人相约跑到了遥远的南方荆蛮之地，也就是今天的江浙一带。太伯后来在南方创立了吴国，那个曾把越王勾践的后背当作上马石，逼着勾践卧薪尝胆，后来被勾践熊市大逆转结果性命的吴王夫差就是他的后裔。

陈蒨提出"太伯之事"，就是要仿效太伯主动让位，把原本应该属于自己家的最高权力让给弟弟陈顼，让陈顼当皇帝坐天下。

南北朝时期由于政治伦理混乱，在最高权力的分配和继承上，弱肉强食的丛林现象比起其他朝代显得更为突出，不仅不同姓氏的皇帝你方唱罢我登场，即便是同姓皇室之间，面对皇位争夺，也照样不讲亲情血缘。远的不说，和陈蒨同时代的北齐国两个皇帝就曾发生过叔夺侄位的血腥事件。

北齐的开国皇帝高洋，年龄比陈蒨小几岁，跟陈蒨在历史上擦肩而过。陈蒨登基刚四个月，高洋就驾崩了。高洋是中国历史上最臭名昭著的变态杀人狂皇帝之一，然而，就是这么个杀人不眨眼的魔鬼，也有舐犊情深。在临死的时候，居然也担心起十五岁儿子的性命安全，他害怕弟弟高演会为争抢皇位而杀死他的儿子。所以他在临死前，直截了当地对高演说："夺则任汝，慎勿杀也！"皇位你要夺便夺去，只求你千万别杀死他。

这种乞求当然不会有用，第二年，高演就将侄子高殷赶下皇位，自己取而代之，而后又悄悄弄死了他。到高演临终时，他的皇太子高百年刚刚五岁。这种局面下，皇帝高演特别自觉，主动废除亲儿子的接班人身份，下诏将弟弟高湛立为皇位继承人。做完这些收买弟弟的事情后，他才敢壮着胆子向弟弟提了一个好好照顾自己儿子的要求："百年无罪，汝可以乐处置之，勿学前人。"

这与其说是提要求，不如说是以皇位换条件。我主动把皇位送给你了，我的儿子才那么小，虽然他曾经当过皇太子，但他是没有罪的。希望你看在皇位传承的分上，封给他一个好地方，让他快乐开心地生活，千万不要效仿那些滥杀无辜的前人。高演真是超搞笑，他自己做了浑身沾满别人鲜血的"前人"，却让弟弟不要去学"前人"，这只能给后人徒留笑柄。

三年后，高湛觉得小侄子的存在威胁到自己的帝位，便残忍地将他打死。高百年之死非常凄惨，被高湛打得血流遍地。一个八岁的小孩在奄奄一息的时候还不忘求饶说，阿叔你别打了，只要你不杀我，我愿意永远给你当奴隶。但是，稚嫩的童声乞求丝毫不起作用，因为在至高无上的权力面前，一切感情都轻于鸿毛。

陈蒨和陈顼是兄弟之情，很显然，在父子之情面前，手足之情肯定退而次之。而且，就当时的朝廷环境看，陈顼虽然因为是皇帝的亲弟而位高权重，但还远没有达到凭一己之力就能左右朝廷的实力，所以，即使皇帝驾崩，少年天子在其他顾命大臣的辅佐下，国家机器是能照常运转的。

基于以上原因，陈蒨在自己病重时刻主动提出要将皇位接力棒交给陈顼的行为，有点让人费解，极有可能是言不由衷的"钓鱼"行为，故意设局套路弟弟，以此来试探弟弟对自己的忠诚度。

估计陈顼要是答应哥哥的让位请求，极有可能以悲剧收场。不过陈顼是个聪明人，他的综合能力不输哥哥。在这种大是大非的政治抉择面前，他明白应该怎么做："顼拜伏泣涕，固辞。"陈顼伏身于地，一个劲地哭泣，而且是真哭呢，脸上淌着泪，像一条弯弯的小河，边哭边对皇兄的传位想法表示坚决拒绝。

在场的重要大臣尚书仆射到仲举、五兵尚书孔奂、吏部尚书袁枢等人，也都不同意陈蒨的这种兄终弟及的传位法，劝他把心放回肚子里，好好养病。这几位重量级大臣都信誓旦旦地表示，即便是皇帝真的去了，他们也会齐心协力辅佐太子，誓死捍卫太子的皇帝权威，让太子成为天下明君。

陈蒨看了弟弟的表现，又听了大臣们的话，觉得儿子接班应该不成问题了，于是便心满意足地死了。他绝对想不到，在他死后，他的儿子陈伯宗并没有得到他期望中的稳稳的幸福，而是登基在九个月后便被陈顼架空权力，两年后再被踢下皇位，陈顼取而代之。

陈蒨死前把一切政事都安排好了，钦点了中书舍人刘师知、尚书仆射到仲举和自己的亲弟弟陈顼三人共同辅佐儿子陈伯宗。这三个人都是典型的"陈家军"，陈顼自不必说。到仲举是陈蒨的老部下，早在陈蒨寒微时期，两人就是好朋友。随后，陈蒨的职务升到哪里，就把到仲举带到哪里，一直到庙堂核心。刘师知则是陈霸先当年的好朋友，对陈家天下多年来都是忠心耿耿。

很显然，陈蒨希望这三位老臣紧密合作，锵锵三人行，把他家的天下撑起来。只是陈蒨一心想要的陈国梦根本没有机会实现，甚至连做梦的机会都没来得及。这三个辅政大臣没有发挥各主一方的三角形稳固性，而是三个和尚没水吃，互相拆台内斗，彼此算计攻杀，最终导致权力失衡，君权倒挂。

三个人刚开始时相安无事，刘师知和到仲举在宫内参决朝政，陈顼则带着三百名左右亲信居住在尚书省。刘师知见陈顼人多势众，在朝中的权力和地位逐渐上升，心里很是忌惮，怕他将来以皇叔之尊一人独大，便想趁早把他弄出京城，以绝后患，于是便和到仲举商量后派人假传圣旨给陈顼："今四方无事，王可还东府经理州务。"

刘师知以皇帝的口吻对陈顼说，这些天你为国操劳十分辛苦。眼下局势已经平静，天下安宁，你不必再留在宫里辛苦了，请你赶快回到扬州去处理州务吧！

扬州是陈顼的大本营，他当时担任着扬州刺史的职务。他虽然人在建康，但扬州城的各种大小事情还是要报告他做决定的，所以刘师知抛出的这条送神借口也勉强能说得过去。皇帝体恤安成王异地做官的辛苦，恩准他回京畿打理自己的事情，没毛病。陈顼听皇帝这么说，打起背包就要回府。也不知道史书上记载的陈顼对这事的反应是真是假。

虽说结束长期出差的状况是好事，但陈顼作为一个历史上名声尚可的政治家，在特殊敏感时间内对与自身利益相关的重大事件如此缺乏深入思考就轻易相信了，似乎和他的实际表现显得有点不搭。

他的机要秘书毛喜就比他冷静、有头脑，听说这件事后，毛喜飞奔而来，紧急制止陈顼撤出宫廷的打算。他苦口婆心地给陈顼分析推理，认为此事必有蹊跷，极有可能是有人假传圣旨。因为新皇帝刚刚即位，作为辅政大臣，又是皇帝的亲叔叔，按理不至于在这个时候被要求离开京城。为使陈顼相信这是个阴谋，毛喜还拿曹爽的例子对他进行示警，说曹爽当年作为辅政大将军权倾朝野，就因为一次偶然出城扫墓，被司马懿抓住机会关闭城门，将出门忘带脑子的曹爽堵在城外，有家难回，白白送掉性命。所以毛喜建议陈顼立刻验证事情真伪，千万不要重蹈曹爽覆辙。陈顼觉得毛喜讲的在理，便接受了他的建议，决定将事情搞个水落石出。

在验证真伪之前，为了麻痹刘师知，陈顼故意装病，叫人把刘师知喊到自己身边，病恹恹地陪他唠家常，唠一会儿就喊一阵：哎呀，脑袋痛；哎呦，肚子胀。刘师之在旁边听着，心里爽得不行，恨不得笑着对他说，愿病魔早日战胜你！不过在这个场合，他脸上当然得装出很关切的样子。他不知道陈顼在装，更不知道陈顼跟他聊天是为了拖住他好瓮中捉鳖。

因为在跟他聊天的同时，毛喜已经向皇太后沈妙容与皇帝陈伯宗求证去了。皇太后被毛喜问得一脸懵圈：我啥时免除安成王的职务了？啥时要安成王回老家了？影子都没有的事儿！皇帝讲得更直接："此自师知等所为，朕不知也。"陈伯宗一听这事就断定是刘师知偷偷打着他的旗号干的。这皇帝年纪不大，倒算得上是个明白人，对朝臣之间的矛盾看得清清楚楚。

不过让人迷惑的是，陈伯宗既然如此洞察时政，为什么一点也看不出来陈顼的政治野心呢？竟然完全看不出陈顼对自己的威胁要比刘师知大得多？皇帝陈伯宗在这件事上慷慨得似乎有点不符合逻辑，他言之凿凿地告诉毛喜，这事百分百是刘师知那帮人干的，自己对此一无所知。

陈顼得到毛喜的回馈信息后，马上把聊天现场变成了执法现场，下令逮捕刘师知，然后亲自跑到皇帝和皇太后那儿，极力指控刘师知有罪，又自己写了个把刘师知交付廷尉治罪的命令，要求皇帝批准执行。陈伯宗没有办法，只能一切照办。

当天晚上，陈顼就在监狱中逼迫刘师知自杀而死。到仲举不久也以联合韩子高谋反之罪被逮捕入狱，结局当然也是死。因此这个时候，三足鼎立的辅政模式已经不复存在，陈顼一人独揽最高权力，所有可能影响他当权的力量都已被他找借口摧毁。

刘、到两人死后，朝政大权完全集中到陈顼一人手中，少年天子陈伯宗成了他手上的政治工具，叔叔将皇帝侄子紧紧捏在手里。陈顼夺得最高权力后，毫无遮掩地撕掉伪装，露出了自己的本来面目，这时的他，不再需要跪趴在哥哥面前假心假意地推辞了。他命令陈伯宗下诏，特别授予他"剑履上殿"的权力。

"剑履上殿"这个词前面书中已有解释，它常常和"赞拜不名、入朝不趋"连在一起，是古代权臣"三件套"的标配。只要拥有这个三件套，必是左右朝政的一号大权臣，皇帝在这样的权臣面前只有唯唯诺诺、战战兢兢的份。

像南朝之前的梁冀、董卓、曹操、司马师，之后的杨坚、李渊、朱温等人都是三件套在身。陈顼所在的南朝，权臣们更是把这个历史三件套玩到了极致，宋、齐、梁、陈四个朝代，三件套辈出，刘裕首开先河，萧道成紧紧跟随，其后的萧衍、萧鸾、侯景、陈霸先，每一个夺得皇位者都曾有过三件套经历。不过陈顼这次有点奇怪，三件套中，他就搞了个"剑履上殿"，史籍上找不到他关于另外两项特权的任何记载。

不过这三件套中，"剑履上殿"的确最重要，相当于裤衩，遮蔽重要部位，另外两个什么称呼呀、走路呀，只相当于小背心和长披风，穿上的话，画风瞧起来顺眼点，真要不穿的话，光着上半身裸奔也没什么不可以。腰悬宝剑在皇帝面前走来走去，这对臣下而言，是多么拉风的一件事，但对皇帝来说，则是悲催到家了。自打有皇帝那天起，臣下在皇帝面前必须是手无寸铁，不能携带任何武器。

正因为如此，刺杀秦始皇的荆轲只能准备一把短小的匕首，而且还得费尽心机把匕首藏进地图中。要是能像陈顼那样拿着一把超长的管制刀具就进去了，秦始皇哪还有机会绕着大殿里的柱子来来回回地跟荆轲捉迷藏！陈顼虽然不是荆轲，但他别着长剑在朝堂上晃来晃去的时候，作为皇帝，陈伯宗一定是既心凉又心寒，他害怕叔叔的剑锋会扎进自己的身体。陈顼也确实想让这个皇帝侄子快点离开人世，但他作为一个资深政客，是不会明目张胆地公开杀死君王、背负弑君恶名的，况且他的大业还没有真正尘埃落定呢。

在陈顼无敌掌权的过程中，皇帝陈伯宗一方也拼尽了全部力量想夺回朝廷控制权，皇太后沈妙容和陈伯宗的弟弟，始兴王陈伯茂联合在一起，想扳倒陈顼。尤其是沈妙容，为了干掉小叔子，不惜采取以毒攻毒的方法，用金钱收买了一个宦官，让他去引诱一名叫张安国的将军据城反叛，然后趁乱杀死陈顼，但中途秘情暴露，陈顼先下手杀死了张安国。不久，陈伯茂也被陈顼处死。

陈伯茂的性格不像哥哥那么平和，他对皇叔独断朝纲的专权和霸道愤愤不平，经常咬牙切齿地诅骂陈顼。陈顼被他骂得心里发毛，害怕夜长梦多，不愿再做幕后老板，于是发动政变，踢开皇帝侄子，自己取而代之。

在成为陈国实际控制人一年多后，光大二年（公元568年）十一月，陈顼绕开对他充满敌意的皇太后沈妙容，搬出太皇太后章要儿，以太皇太后的名义废黜现任皇帝。章要儿虽然年龄大，资格老，身份尊，但她一个老太婆，也是被当权者陈顼玩弄于股掌之间，陈顼叫她去做的事，她没法不做，只好按照陈顼的意思诏告天下，说皇帝陈伯宗唯恐天下不乱，跟刘师知、到仲举等人勾结。又说陈蒨临终前曾知道自己的儿子不堪大任，不打算让他继承帝位，而是想把江山社稷转交给安成王。现在，应该实现他的昔日心愿，罢黜陈伯宗，改封其为临海王，另立贤德英明的陈顼为皇帝。

这诏令一看就是经不起推敲的满纸荒唐话，但政治斗争向来就是颠倒黑白的。当年陈蒨说把皇位送给陈顼，陈顼吓得屁股撅起老高，不停地在地上磕头，一万个表示不愿当、不想当。而今才过去这么长时间，他就从尘封岁月里挖出老旧发霉的话题，重新抛光打磨再利用，使自己的上位显得冠冕堂皇。

公元569年正月初四，陈顼登基称帝，改年号为太建。之前陈伯宗的年号叫光大，听着像个银行的名字。被踢下台的陈伯宗结局凄惨，不但落得个"废帝"称号，还死得不明不白。在陈顼即位的第二年，陈伯宗死亡。关于他的死，《南史》和《陈书》都没有记载具体的死因，只有相同的一句话："太建二年四月薨，时年十九。"太建是陈顼在位期间使用的年号。在改光大为太建的第二年，十九岁的陈伯宗死亡。

很显然，陈顼是杀死侄子的凶手。如果是毒死、勒死，那陈顼就是直接凶手，因为如果没有他的命令，是没有人敢对陈伯宗下手的；即便陈伯宗是病死的，凶手也是陈顼，因为他是不可能对这个自己的政敌进行医治抢救的。而陈伯宗的弟弟陈伯茂，则在陈顼刚登基时就死于非命："安成王使盗邀之于道，杀之车中。"在将陈伯宗废黜为王的同时，陈顼也将陈伯茂的爵位降封为温麻侯，同时将他赶出皇宫，安置到另外的地方去住。在由皇宫去往新住处的必经之路上，陈顼提前安排了杀手，将陈伯茂杀死在车上。

陈蒨，英雄一世，跃马横戈，在纷乱的局势中抢得江山，稳住帝国，死后才几年，不仅江山易主，连儿子们都成了江山的陪葬。而夺了他的天下，杀了他儿子的人，竟然是他千辛万苦、千方百计从国外捞回来的亲弟弟。多么冷酷的现实！然而，历史就是这样，冷酷、无情、阴谋、杀戮，总是在不断地上演，不分亲疏，不分黑白，不分正邪。

第五章　乱齐勾起北伐梦

中国的历史绵长久远，从古老的岁月深处蜿蜒而来。历史的尘埃慢慢堆积，最终凝结成了浩瀚如海的《二十五史》。为什么是二十五史，而不是五史或者十五史呢？就是因为朝代太多了。为什么朝代太多了呢？因为皇帝轮换得多，轮换得快呀！所谓"皇帝轮流做，明年到我家"说的就是这个理。其实对于普通大众来说，赵钱孙李，周吴郑王，皇帝姓啥根本不重要，重要的是皇帝的能力和水平怎么样，皇帝的心里有没有装着天下社稷和黎民苍生。

虽然在中国古代的皇位传承中有很多排他的规矩和讲究，但是只要上台者是一个好皇帝，谁当又有什么关系呢？就拿南朝陈国的这次争夺皇位来说，看上去都非正常的皇位更替，可谁能说陈顼取侄子皇位而代之这件事一定是非法篡位呢？

从推动社会历史进程的大方向上看，应该是哪个皇帝在位期间有利于百姓，有利于社会，哪个皇帝就是合法正位的。像本系列图书中所说的如刘子业、刘昱、萧昭业、萧宝卷那样的暴君，他们都是根据正统标准的皇位继承法获得皇位的，但这样的昏暴君王，于国家和人民而言，在位就是灾难，所以对于取代他们的皇帝，不但不应该谴责，反而应该给予点赞鼓掌。

具体到陈顼身上，虽然他硬抢了陈伯宗的皇位，而陈伯宗也并不是那种嗜杀昏庸的渣皇帝，但作为一个国家的掌舵人，陈顼显然更称职、更能胜任。如果我们认真总结下历史，就会发现这样一个现象，昏暴的渣皇帝各有各的昏法，有喜欢杀人为乐的，有爱好穷兵黩武的，有热衷偷鸡摸狗的，有痴迷荒淫乱伦的……各种奇葩，不一而足。但英明的皇帝都是相似的，无非就是以农立国，重视农桑，兴修水利，政治清明，爱民如子之类。陈顼就属于这种比较英明的皇帝，他在位期间，南陈的政治逐渐走上正轨，经济得到了快速发展，百姓的生活较之以前有了一定程度的提高，这在局势纷乱如麻的南朝时代显得尤其难能可贵。

陈顼当了十五年皇帝，是南陈国在位时间最长的皇帝。南陈政权存续了三十二年，经历了陈武帝陈霸先、文帝陈蒨、废帝陈伯宗、宣帝陈顼以及后主陈叔宝五位皇帝，只有陈顼一个人的皇龄超过了十年，可见这也是一个短命的小王朝。不过，十五年的皇帝工龄虽然很短，但在南朝却能称得上是老资格的皇帝了，在位时长妥妥地稳居整个南朝皇帝前三强。南朝总共产生了二十四位皇帝，在位时间达到十年的只有五个。除了陈顼之外，其他四人分别是宋文帝刘义隆、宋孝武帝刘骏、齐武帝萧赜、梁武帝萧衍。

南朝是一个特别的时代，虽然存在的时间不长，但却值得缅怀和记载。虽然只有二十四个皇帝，但却有好几个皇帝在中国历史上叫得出响，挂得上号。比如刘裕特别能打、萧衍特别能活、陈叔宝特别能写，而本章的主角陈顼呢，他特别能生儿子，简直可以说是中国古代皇帝的生子担当。

这个皇帝特别能战斗，战场上他勇往直前，床笫间也勇猛无比，活了五十三岁，光儿子就生了四十二个，还不包括女儿。女儿的数目有多少不知道。

因为中国古代严重重男轻女，唐朝以前的很多史书都只记皇子，不记公主。即使皇帝只生了一个儿子，生了九十九个女儿，史官也只会记那一个皇子的名字，对九十九个女儿则完全忽略，不载片言。如果按照儿子、女儿五五开的比例计算，那么陈顼就会有八十四个子女，这个数字绝对是中国子女最多的皇帝。

古代的几个很能生的皇帝，如宋徽宗赵佶、唐玄宗李隆基、康熙帝玄烨，也就是五六十个子女。就算冠军赵佶加上他在苦寒东北所生的几个说不清、道不明的孩子，子女数也不会突破八十个。这样的话，陈顼极有可能是中国皇帝生育总冠军。当然，这只是作者推测，因为史无实据，但他四十二个儿子却是有真凭实据的。就凭这个数字，他也能稳稳地在皇帝界获得一个单项冠军——中国生儿子最多的皇帝。

陈宣帝陈顼是一个爱美人也爱江山的皇帝，他一个人占有了众多美人，这还不够，他还想占有更多的江山。在宋、齐、梁、陈四个朝代中，陈国的疆域面积最为狭小，被北周、北齐两个国家完全压制在长江以南，也就是东南那一小块地方，大概相当于今天的江苏、安徽一小部分，外加上海、浙江、福建、江西和广东五个省市全部，面积大约七八十万平方公里，只相当于江对岸北周的一半。

有人肯定觉得纳闷了，咱大中国不是九百六十万平方公里吗？南陈作为中华正统文明的继承者，咋就这么大地方呢？九百六十万，那是各位想多了。当时中国的疆域面积还没有正式形成，新疆、西藏、青海、甘肃等西部大省以及地域广阔的内蒙古和东北地区，都被各种不同的少数民族主宰着，尤其是北方迅速崛起的突厥，其势力已经非常强大。

在那个时候，偏居一隅的南陈按照国土规模来说，只能算是一个小国家，所以陈顼总想着扩大自己的地盘，向北方要空间、要土地。对南方皇帝来说，这种想法似乎又落入了一种常规窠臼——总想着去攻打北方，就是所谓的北伐。南方皇帝似乎天生就有一种北方情结，总是希望风一直往北吹。只要稍微具有了一点战斗力，就忙着抄起家伙去砸北方皇帝的场子。过了长江还想过淮河，过了淮河还想过黄河。

陈顼也不例外，他在位期间就眼光向北，先后跟自己北边的北齐、北周两个国家分别开战。因为陈顼在十几年的皇帝生涯中并没有更改过年号，始终使用"太建"作为年号，所以他对北方的两次用兵被称为"太建北伐"。太建北伐是南朝政权存续期间对北方的最后一次用兵。南朝皇帝的北伐行动始于刘裕，终于陈顼。陈顼是在太建五年下令对北方用兵的，目标直接对准北齐。

当时的北齐国是个什么现状呢？在讲陈顼北伐内容之前，我们来简单了解下北齐的国情。

北齐跟南北朝时期的许多政权一样，最大的特点就是短命，连头带尾只存在了二十八年，但北齐还有个迥异于其他国家的特产——暴君。这个北方齐国是枭雄高欢的后代创立的，但让人万分不解的是，这个国家好几位皇帝都是顶级变态的色魔、精神病、分裂症、偏执狂……

这绝对是遗传基因的问题，高家几任皇帝都残忍嗜杀，荒淫无耻，行为一个比一个荒诞不经。

北齐皇帝最一致的两大爱好是杀人和强奸。第一个皇帝高洋每天都必须杀人，哪天要是没杀人就食无味、寝不安，靠杀人来解压、放松和获得快感。有关官员没有办法，为了满足皇帝的杀人欲望，只好进行特供，把监狱里的死囚送到皇宫让他砍头，美其名曰"供御囚"。所以高洋走到哪儿，身后都跟着一帮"供御囚"，以便他随时随地开杀戒过瘾。高洋的弟弟高湛在位时也是杀字当先，杀兄弟，杀侄子，杀将军……

高洋的儿子高纬更是将高家变态杀人狂的特质发挥到了极致。高纬喜欢活剥人的脸皮，看别人有脸没皮的痛苦样子他十分开心。他还喜欢扮成乞丐，喜欢在宫里头玩用箭射人的游戏，别人越痛苦，他越开心。最变态的是他跟弟弟高绰玩的合作杀人的游戏。高绰的很多日常行为都让人毛骨悚然。他爱好饲养波斯狗，但波斯狗的食物却是人肉。高绰常常抓人给自己的狗吃，被抓来的人全部脱光衣服蹲在地上，任波斯狗上前扑咬撕食。

有一次高绰在路上遛狗时，碰到一妇人抱着孩子。他上前就从妇人怀里抢过孩子扔在地上，波斯狗一会儿就把孩子吞吃得只剩下骨头。痛失孩子的妇人凄厉嚎哭声不但没有让高绰心生怜悯，反而更刺激了他变态的杀心。他命令那些刚吃了孩子的波斯狗再去吃掉那妇人，但那些狗可能是刚吃饱，并没有扑上去撕咬。高绰便将地上流淌的孩子的鲜血弄起来涂抹在那妇人身上。波斯狗闻到血腥味后，果然兽性大发，飞快地冲上去将那个可怜的妇人吃得干干净净。

高纬听说这事后，觉得高绰太残忍了，派人将他抓到京城问罪。高绰心想这回死定了，皇帝哥哥看到自己这么没良心地乱杀百姓，还不把自己也给撕了！没想到见面后，高纬早就忘了他纵狗吃人的事，拉着他的手亲切地嘘寒问暖，还充满好奇、郑重其事地问他说，你平时在州里面觉得干什么事最快乐？高绰回答说："多取蝎将蛆混，看极乐。"这回答真够恶心的。他说把很多蝎子和蛆虫混放在一起，让它们互相攻咬，看着绝对有极乐享受。

高纬马上命人照做，连夜弄来了一斗蝎子。不过他却没有弄蛆虫，而是弄来了一个人，以人代蛆。那人可惨了，被扒得一丝不挂后扔进装着一斗蝎子的大浴盆里，那人在里面被咬得惨叫连连，呼喊哀号。高家两兄弟在旁边看着听着，心里乐开了花，觉得太刺激太享受了。高纬边看"节目"边责怪高绰："如此乐事，何不早驰驿奏闻！"他觉得弟弟心里太没有哥哥了，这么让人顶级愉快的娱乐方法，为什么不早一点八百里快马送呈给自己呢？

除了残暴嗜杀，北齐皇帝还以淫荡著名，而且总是喜欢强奸霸占自己的女性亲属。高洋在当皇帝之前，为了不使大权在握的哥哥高澄猜忌自己，他装傻卖痴了很多年，故意整天拖着两条大鼻涕到处乱跑，连高澄专程来他家调戏他那个漂亮老婆，他也装着不知道、不在意。等到他登基后，头一件事就是跑到嫂子的房里把嫂子强奸了。

到高湛当皇帝的时候，也是亲属优先，他飞快地把高洋的皇后李祖娥强行奸污，并将其长期霸占。高纬同样是个以荒淫为主业的昏君，香艳无比的"玉体横陈"这个成语就是来自他。天才诗人李商隐的"小怜玉体横陈夜，已报周师入晋阳"诗句，把这位因色误国的北齐皇帝永远钉在了耻辱柱上。

经过几代高家皇帝持续不断地接力折腾，实力曾经傲视陈、周两国的北齐，在高纬时代，已经是摇摇欲坠了。高纬做了十二年皇帝，这十二年里，北齐朝政一片黑暗，昏招迭出，注定已开启亡国之路。

在和南陈、北齐、北周形势差不多的另一个三国时代，蜀国丞相诸葛亮心系朝廷安危，曾在《出师表》里苦口婆心地给阿斗皇帝上政治课，不厌其烦地摆事实讲道理举例子，教给他治国之道："亲贤臣，远小人，此先汉所以兴隆也；亲小人，远贤臣，此后汉所以倾颓也。"诸葛先生叫老领导的儿子一定要跟贤良正直的大臣交朋友，千万不要跟奸猾小人混在一起，否则就会给国家带来倾覆灾难。

到高纬所在的南北朝末年时，《出师表》诞生已经超过三个世纪了，但诸葛亮的经典告诫依然没有过时。高纬之所以亡国，亲近小人是最重要的原因。他喜欢并重用的陆令萱、和士开、高阿那肱、穆提婆、韩长鸾等人都是标准的小人，仗着是皇帝身边的红人，这些人把持朝政，祸害忠良、买官卖官、贪污受贿，一派乌烟瘴气。

陆令萱只是高纬的奶妈子，高纬竟然将其封为女侍中，一个单纯靠胸脯吃饭的人居然拥有治理天下的宰相之职，这荒唐度着实有点高。还有那个和士开，更是荒唐。在高纬老爸高湛在位时，和士开就曾劝高湛及时行乐："陛下宜及少壮，恣意作乐，纵横行之，即是一日快活敌千年。"这家伙讲起歪理来一套一套的，说自古以来那么多帝王都一样化作了尘土，尧舜和桀纣又有什么区别呢？最后还不都是个死。所以你趁着现在年轻有纵乐的身体资本，应该尽情玩乐，潇洒快活的一天胜过沉闷忙碌的一千年。朝廷的事情你别管，全交给大臣去处理，别操那份心，你只负责玩得快活就行了。高湛听信了他的话，长年累月不停纵欲，年纪轻轻就掏空了自己，导致早死。

到他儿子高纬时，和士开还是这个观点，怂恿高纬沿着他爸爸的死亡之路继续前进。而他自己呢，则勾搭上了高纬的妈妈，也就是当朝皇太后。

这个北齐皇太后可有的一说，她就是历史上艳名远扬的胡太后。胡太后的出名跟北齐高家皇帝类型差不多，也是以淫荡广为人知。她不仅跟和士开出双入对，还跟一个叫昙献的和尚暗通款曲。胡太后去庙里拜佛时对年轻英俊的昙献和尚一见钟情，于是经常借烧香为名去庙里和昙献厮混。后来觉得庙里条件不好，没有自己宫里的大床房舒服，便在宫里开设佛法大讲坛，邀请昙献作为主讲嘉宾。这种讲坛当然只是个幌子，昙献和尚白天袈裟，晚上婚纱，两人干柴烈火烧得那叫一个旺。再后来，胡太后要换口味，便叫昙献挑选出庙里模样帅气的小和尚扮成尼姑到宫里来供她消遣。

可这男扮女装的事情，因为高纬的好色而被撞破。有一天，高纬去给母亲请安，在胡太后的宫里看到两个漂亮尼姑，喜欢得不得了，马上给弄到了自己寝宫，打算玩乐一番。令他万万没想到的是，这两个尼姑拼死不从。高纬哪遇到过这种情况，叫人把两人的衣服扒光，这才明白小尼姑反抗拒绝的原因。这样的妈，配上这样的儿子，再加上那样一群专挖国家墙脚的奸佞小人，不灭亡才怪。

北齐被北周灭国后，胡太后被俘虏到了长安，由太后变成了妓女，和自己的媳妇，也就是高纬的皇后一起，以卖身为生。千百年来，坊间流传着胡太后的一句惊世骇俗的"名言"，说胡太后因为皮肉生意太好，一边数钱一边跟媳妇发出感叹："为后不如为娼，乐趣无穷。"不少人根据这句话，给胡太后戴上了千古第一淫后的帽子。不过这句话虽然流传较广，但正史上并没有这句话的记载。《北齐书》上胡太后传中只有最后一句话交代了她在长安的情形："齐亡入周，恣行奸秽。隋开皇中殂。"虽然"奸秽"两个字对女人来说是极低的评价了，但并不能证明她说过这句在儒家社会看来是罪大恶极的话语。

如果说宫闱艳事只属于生活作风问题，还不足以对一个国家形成致命威胁和打击的话，那么，无端杀害股肱将军和前线功臣的行为，无异于是慢性自杀、自掘坟墓。高纬最后国灭身死，跟他无端杀害当朝名将斛律光和高长恭有直接关系。

关于斛律光，前面书中有过介绍，真的是一等一的良将，一等一的忠臣，全家四代忠心耿耿为北齐镇守边疆，抵挡来自关西北周的威胁。他跟北周大大小小打了几百仗，几乎百战百胜。

北周的名将韦孝宽、尉迟迥、宇文宪、王雄等人都曾是他手下败将。韦孝宽在南北朝时期也属于战神级别的人物，但他总是无法突破斛律光的边境防线。最后实在没辙，就来阴招，派间谍到处散布"百升飞上天，明月照长安"之类的谣言顺口溜，暗示斛律光要谋反自立。斛是古代的容积单位，一斛等于一百升；斛律是一个复姓，而"明月"则是斛律光的字。这首小谣歌意思就是，斛律光要当天子了。

高纬紧张了，斛律光是北齐最高军事统帅，他女儿是自己的皇后，儿子斛律羡以及孙子斛律武分别是手握军权的幽州刺史和梁州刺史，手下兵精将猛，他家要是造起反来，事就大了。高纬觉得，不如把他杀了，永绝后患。

于是高纬以召见的名义把斛律光骗进皇宫，然后几个事先埋伏好的大力士趁其不备一拥而上，用弓弦将其勒死了。当北齐的死对头，北周武帝宇文邕听说高纬杀死斛律光后，狂喜不已，下令全国大赦以示庆贺，就差没把这天定为北周国庆日了。斛律光死后五年，北周军队就长驱直入，占领北齐都城——邺城。

北齐灭亡后，宇文邕并没有忘记当年让自己吃尽苦头的斛律光，特地下诏追赠斛律光为上柱国、崇国公，并优待他的后人。这位雄才大略的皇帝指着诏书上斛律光的名字对左右说："此人若在，朕岂能至邺！"宇文邕坦率地承认，如果斛律光不死，他的军队不可能打到邺城。一个被对手如此尊敬和佩服的将军，在高纬眼里一钱不值。同样是皇帝，差别太大了。

在杀死斛律光之前，高纬还以同样的理由杀死了北齐的另一位名将高长恭。高长恭也许很多人都不太熟悉，但在宋代形成的一个叫"兰陵王"的词牌名大家可能比较熟悉，像浪淘沙、钗头凤、菩萨蛮、卜算子这些流传度很广的词牌名一样。兰陵王这个词牌名就是来自高长恭。

因为他的封爵是兰陵王，北宋著名词人周邦彦根据《兰陵王入阵曲》写了一首《越调·兰陵王》的词，从此，这个词牌名就代代相传固定下来。而《兰陵王入阵曲》就是歌颂高长恭勇猛作战的舞曲。曲中所表战争是北齐与北周之间发生的洛阳邙山之战。

天嘉五年（公元 564 年），北周大举进攻北齐，来势凶猛，一个月后就打到北齐南部最重要的城市洛阳。周军将洛阳铁桶般包围在中间，垒土山、挖地道，疾风暴雨似的攻打了一个多月仍继续增兵，必欲夺下洛阳城。在形势万分危急之时，高长恭和斛律光受命南下，火速救援洛阳。

高长恭到达洛阳后，丝毫不惧如水的攻城周军，带着五百人冲进周军阵地，一路斩杀，直接打到被围困齐军的城墙根下，高呼城内守军派人出城和自己联合作战。可任他喊破嗓子，城内北齐守军都不理他，大家觉得太假了，没人信他是组织派来的救兵。城内齐军认为高长恭是周军伪装的故意骗他们出城的，他们根本不相信区区几百人能从周军的层层包围圈里横杀到城下。高长恭急得没法子，只得脱下头盔朝城内刷脸，你们仔细看看，我真的是来帮助你们的兰陵王呀！城上的守军一看，哎哟喂，奇迹呀，果然是兰陵王，赶紧派出一大帮弓弩手出城作战。最后，北周军队被杀得一败涂地，死伤无数。

因为高长恭带着五百人深入虎穴的行为太勇猛了，此战之后的庆功会上，北齐文艺界人士根据这件事，创作了《兰陵王入阵曲》进行演出，得到了当时的北齐皇帝高湛的赞许。可也就是这次的勇敢作战，给高长恭引来了杀身之祸。邙山之战的第二年，高湛被手下奴仆刺杀身亡，高纬接位。他在和高长恭就这次战斗闲聊时，有感于高长恭的英勇无畏，语气关切地对他说道："入阵太深，失利悔无所及。"对于集各种变态、各种残暴于一身的高纬来说，说出这么一句充满人情味的话语，真让人感到不适应。他竟然替高长恭担心后怕，说你那么少的军队，不应该那么冒险深入敌阵，否则一旦战事落败，后悔都来不及！

高长恭见皇帝这么在意自己的生命安全，心里特别高兴地回答道："家事亲切，不觉遂然。"高长恭把杀敌卫国说成是为了高家天下，自己作为高姓一分子，在紧急军情面前，没想到个人安危，只想到怎样让高家天下更加稳固。这种回答虽然不是那种标准的君臣间的问答，但高长恭作为皇帝近亲，这么回答其实是可以的，完全没毛病。

　　他可能认为，一笔写不出两个高字，想通过这种套近乎的回答来拉近皇帝和自己的空间距离，傍一回皇亲国戚。如果要论高长恭跟皇帝高纬之间的关系，根本谈不上是"傍亲戚"，而是实实在在的亲戚。高长恭的爸爸高澄和高纬的爸爸高湛是一奶同胞的亲兄弟，两人都是高欢和娄昭君的儿子。高澄是高欢的长子，高湛是第九个儿子，所以，高长恭和高纬之间的血缘关系是很近的，而且论起辈分来，高长恭比高纬大十几岁，是标准的高纬堂哥。

　　这么亲近的关系，高长恭在皇帝面前以高家人自居，也没什么讲不过去的。皇帝要是大度、情商高，见手下猛将这么爱国如家，这么有主人翁意识，应该感到欣慰才是。但高纬是个小格局甚至没格局、没心胸的皇帝，他对高长恭的回答保持了不该有的警惕，在心里上纲上线地认为，这是堂哥没安好心，觊觎自己的皇位。什么高家天下？是我高纬家的天下，跟你高长恭的高有关系吗？

　　就因为这件事，高纬惦记上了高长恭，把高长恭看成是不怀好意的阴谋家。被皇帝惦记上可比被小偷惦记上可怕多了。没过多久，高纬就凶相毕露，派人给高长恭送去了一壶毒酒，叫他仰药自尽。高长恭在临死之前悲愤地诘问道："我忠以事上，何辜于天，而遭鸩也。"他觉得自己忠心耿耿，为国为民，并没有对不起皇帝和朝廷的地方，却落了个被无情毒杀的悲惨结局。

　　斛律光在遭到皇帝暗算时，也说过跟高长恭差不多的话："我不负国家！"他理直气壮地表示，自己从来没有辜负过国家。但是，在昏聩的高纬面前，说什么都是多余的。"我本将心向明月，奈何明月照沟渠"，无论多么英雄无敌，多么功劳盖世的臣下，在高纬眼里，都是不值一提的沟渠、下水道，而且正是因为功劳太大，高纬才猜忌他们。当皇帝心眼小到容不得手下将领立盖世军功的时候，就是皇帝抬步走向灭亡之时。高纬无故诛杀斛律光和高长恭两大镇国名将，等于是给自己挖掘了两个墓坑，一个坑埋自己，一个坑埋他的妈妈。

有这么一个活宝皇帝，有这么一个垃圾的家族基因，北齐怎么可能繁荣昌盛？怎么可能和谐发展？怎么可能不被他的对手盯上？当时鼎立的三国之间，北周和南陈的眼光同时盯上了乱象丛生的北齐。作为老对手，看着政局一塌糊涂的北齐，陈顼野心膨胀，久违的北伐梦复活重生，他觉得自己应该打到北方去，他觉得自己有能力打到北方去。

于是，南陈的北伐行动开始了。

第六章 北伐，开启灭亡之门

上一章我们说北齐朝廷的腐败和萎弱勾起了南陈的北伐欲望。这当然毋庸置疑。不过，历史总是复杂的，总是充满着各种各样的阴谋。发生在南陈太建年间针对北齐的这次大规模北伐，除了南陈禁不住北齐的诱惑外，也禁不住北周的诱惑，双重诱惑叠加，终于导致南陈皇帝陈顼下令全线北伐。而来自北周的诱惑，则是一场布局长远的阴谋。只是当时，陈顼把北周抛过来的罪恶的罂粟花当成了美丽的橄榄枝，没有人能看出，北周扔过来的其实是一颗威力巨大的糖衣炮弹——当南陈尝完外皮的甘甜后，内核里的炮弹轰然爆炸，而南陈的立国根基，就是在这冲天一爆中灰飞烟灭，从此步入了灭亡的黑洞。

说起北周对南陈使的那个布局长运的阴谋，很多人的第一反应可能是不相信——其实就是北周主动派遣使者到南陈示好，说要和南陈发展睦邻友好的外交关系。面对大国主动上门拜见，陈顼觉得自己面子挺大，自豪感爆棚地对北方外交使者说，好的，让我们成为好朋友吧！过了不久，好朋友又上门了，跟陈顼说，既然咱们是战略合作伙伴了，那咱两个好朋友就团结一致、同心协力，互相帮衬一起攻打齐国，把高家那个坏种给灭了吧！他们的土地城池，谁占领就归谁。

北周的这条建议简直说到陈顼的心坎里去了，他早就琢磨着要跟比较好欺负的北齐干一场。听了北周方面的这个主意，焉有不应之理？当即拍板成交，敲定跟北周联合作战，向北齐发起攻击。

陈顼是傻。北周是坏。

当然，基于他们的国家利益，也可以说北周是精明。北周当时的皇帝是宇文邕。宇文邕所在的国家在中国历史上虽然只算得上是一个蕞尔小国，但他个人在中国所有的皇帝中间，却称得上是雄才大略之人。如果不是得病死得早，中国自西晋大分裂以后的南北重新统一，极大概率会发生他身上，根本就不会有后来的隋文帝杨坚什么事。

宇文邕当时面临的形势和环境比较尴尬，是那种"爱上一匹野马，家里却没有草原"的尴尬。宇文邕的志向是先统一北方，继而跨江作战，实现南北大同。但现实距离他的理想差距太大，不说长江以南的陈国，单是他东边的宿敌北齐和正北方的突厥，就让他寝食难安。尤其是突厥，当时已经特别强大，几十万弯刀铁骑可以随时出征。

所以北齐和北周为了避免突厥和对方联合攻打自己，都想方设法巴结笼络突厥，吃的、玩的、用的都争着向突厥进贡。为了稳定北方军事防线，宇文邕甚至娶了突厥可汗的女儿阿史那作为自己的皇后。这当然是典型的和爱情无关的政治联姻，虽然一点也不喜欢阿史那，但宇文邕也不得不强颜欢笑地对待这位来自突厥的公主，连他不到十岁的外甥女窦氏都知道突厥公主存在的利害关系，劝皇帝舅舅以大局为重，善待阿史那。这位小窦美女就是后来唐朝开国皇帝李渊的正妻，唐太宗李世民的妈妈。

因为皇后的关系，北周算是暂时稳住了北方边境，宇文邕于是集中力量攻打北齐，一门心思要吃掉东边的齐国。早在太建元年，陈顼刚登基那会儿，宇文邕就向北齐发动了大规模的军事打击行动。前前后后打了三年，北周消灭了北齐军队的许多有生力量，占领了对方的不少州郡，但要想快速无障碍地灭掉北齐，北周还是觉得很累、很吃力。于是，宇文邕接受韦孝宽的建议，改变方针策略，向南边的陈国示好，多次向南陈派出外交使节，以诚邀加盟的态度请陈顼出兵，让北齐首尾不能兼顾。

当陈顼答应和北周联手击齐的时候，他的国家便也随之踏上了倾覆之路。在这件事情上，北周一开始下的就是一盘大棋，即利用"远交近攻"的计谋，借助南陈的力量，先灭掉北齐，然后再挥戈南下，吞并陈国。

陈顼的眼光显然比不上宇文邕，他只看到了当时已显虚弱疲态的北齐，觉得跟北周合作有便宜可占，却看不到北齐灭亡后的严峻政治局面。从当时的综合国力看，北周最强，北齐次之，南陈最弱。一般情况下，当三国鼎立时，为了保持局面平衡，应该是相对弱小的那两方互相结盟，形成联动，共同对付实力最强的那一方，只有这样，才能避免被最强势力各个击破的结局。国人特别熟悉的魏、蜀、吴三国，就是按照这个政治定理操作的，刘备和孙权抱团取暖，共同抗击曹魏的进攻。陈顼破坏了这条定理，跟最强的那方结盟，使强者恒强，他自己只能是弱者愈弱了。事实证明，后来的北宋和金国联合灭辽、南宋和蒙古联合灭金，都是用错了公式，引火烧身，自己帮助别人最后把自己弄得死无葬身之地。

太建五年（公元 573 年）三月，陈顼在朝廷上提出了出兵北齐的想法。此言一出，朝中公卿大臣议论纷纷，相当一部分人不支持这项动议，说国家初定，当休养安民，不宜挑起战争。

陈顼是一个个性很强、权力很大的皇帝，他直接无视所有的反对意见，黑着脸冷冰冰地丢出一句话："朕意已决，卿可共举元帅。"意思就是说，你们都别在那唧唧歪歪的了，我已经下定决心攻打齐国，你们现在要做的事是共同推选出一位元帅，别说那些没用的。

这就跟现在很多公司强调的执行力问题差不多，一项政策出台，甭问对错，董事长强力要求无条件执行，谁能挡得住？最后，经过商议，任命大将吴明彻为北伐军总司令，率领十万大军北上攻齐。

北伐军渡过长江后，立即兵分两路，一路由吴明彻统领，向北攻打秦州（今江苏省南京市六合区），另一路则委任黄法氍为方面军司令，南下攻击历阳（今安徽省和县）。如果稍微了解下相关地理知识，我们就会发现，秦州和历阳这两个地方都离当时陈国的都城建康特别近。秦州在建康的正北方向，处在建康的北大门位置；历阳在建康的西南方向，位于建康城的长江上游。

这两个地方对建康而言，都是极为重要的军事重镇，对建康形成便利的压制态势，如果向建康发起攻击，条件非常便利。这也是陈顼急着要向北齐出兵的重要原因之一，他觉得建康周围的威胁太多了，必须要夺回这些重要堡垒的控制权，护卫都城。这些重镇以前都是属于建康的管辖范围，是在梁末大乱后才被南下的北方政权夺走的。

陈顼的战略目标是扫清建康外围的危险源点，夺取江淮间具有军事意义的城池作为建康的卫星城，确保都城安全，国运长久。

　　南陈北伐军过江后分两路直扑秦郡和历阳的强劲态势让北齐朝廷忧心忡忡。北齐当时的军事防卫重点是北方的突厥和西边的北周，国家重兵都布防在这两个方向，而面对南边的战事大起又不能坐视不理，只好硬着头皮分兵南下增援，对陈军进行阻击。但齐军不及陈军，第一次增援的军队很快被击溃。

　　为了稳住南线边疆，北齐又派出了两名宰相级官员尉破胡和长孙洪略共同领兵营救秦州。两人这次是有备而来，不但来的是大部队，而且还带来了战斗力强悍的特种作战部队，特地挑选了许多身型威猛、孔武有力的大力士组成了"苍头""犀角""大力"等多支特战营。

　　这些特战营的队员个个力大如牛，他们在部队前面打先锋，锐不可当。还有比这更厉害的超级战场"大杀器"——一个百发百中的西域胡人神箭手。史书是这样记载这个西域神箭手的："善射，弦无虚发，众军尤惮之。"这个胡人神箭手就像现代战场上的狙击手一样，在战场上射杀了很多北伐的南陈将士，一提到这个西域胡人，陈军士兵都感到惊恐害怕，生怕自己成了他的瞄准对象。这次为了遏制攻势凶猛的南陈北伐军，北齐真是铆足了劲。

　　四月底，两军在秦州城外摆开战场进行大决战。陈军元帅吴明彻亲自督阵并指挥作战。吴明彻对那个胡人神箭手很是头疼，因为这个人的存在严重影响军队士兵的作战心理，必须要对其进行精准打击，实施定点清除。他找到了大将萧摩诃，要他在正式开战之前先干掉那个神箭手，萧摩诃的神勇，在上一本书中已有介绍，此处不再赘述。

　　吴明彻不仅仗打得好，搞起政工来也有一套。他从集体利益和个人利益两个方面给萧摩诃分析杀死敌方神箭手的重大意义："若殪此胡，则彼军夺气，君才不减关羽矣。"一方面，吴明彻把萧摩诃和三国名将关羽相提并论，夸他有斩颜良、诛文丑的盖世武功，另一方面激励他说，如果能歼灭那个西域射手，那么对方军队就会士气大落，意志瓦解，战场形势马上就会完全偏向自己一方，击败北齐易如反掌。

萧摩诃不假思索、豪气冲天地接单："愿示其状，当为公取之。"萧摩诃不屑一顾地对吴明彻说，只要你告诉我他的长相，我一定为你铲除他。这个要求可真是难倒了南陈北伐军总司令。吴明彻说，我哪认识他呀，从来没见过，见到了我先弄死他。最后想到了一个好办法，叫投降过来的北齐官兵向萧摩诃仔细描述西域射手的各种特征。穿什么颜色衣服，戴什么样式帽子，眼睛是大是小，颧骨是高是低……讲得详细的不得了。吴明彻根据这些特征偷偷一瞧，发现此人果然在阵中，于是命萧摩诃出战。萧摩诃驰马而出，高声叫战。那个神箭手正想找个人练练手、热热身呢，见来了个活靶子，也手持弓箭挺身出阵。

神箭手警惕性很高，跟萧摩诃之间保持着足够的安全距离，确保萧摩诃在任何情况下突然驱马冲向自己时，自己都有足够的时间弯弓搭箭，将其毙杀在突袭冲锋的途中。见萧摩诃果然飞快地向自己冲来，他双手微微一动，弓弦即已拉满，他只要右手一放，离弦之箭就会射中萧摩诃的致命部位。按照神箭手一贯以来的射杀模式，萧摩诃应该难逃一死了。

但这一次，这个胡人神箭手却意外失手了。其实也不能算是失手，而是萧摩诃抢先出手了。就在对方弦箭即将分离的一刹那，萧摩诃右手一扬，一支飞镖甩过去，不偏不倚正中其额头，神箭手从马上摔到地下，直接毙命。

这种结果实在是太意外了，北齐方面正等着看萧摩诃从马背上摔落而死的大戏呢，没想到看见的却是己方从未失手过的神箭手的惨死。情急之下，十几个大力士一齐冲出阵营，想把萧摩诃撂倒。面对十几个力大无比的北齐特种兵，萧摩诃不退不躲，以一当十，不大一会儿，这十几个大力士就全部被他斩杀。

萧摩诃这种"万人敌"式的勇猛让北齐军大惊失色，两局较量之后，北齐军士气受到致命打击，人人思退。陈军抓住战机，向齐军发起全线攻击。齐军没有进行任何有效抵抗，逃跑情绪像瘟疫一样互相传染，每个人都争相逃命。齐军元帅尉破胡自己也阻止不住潮水般败退的军队，只好跟着向北逃跑，而副元帅长孙洪略则死于乱战之中。

得益于萧摩诃的神勇，秦州之战很快结束，随后，黄法氍方面军也夺得了历阳城的控制权。不过，历阳之战并没有秦州之战那么一帆风顺。黄法氍率领军队对历阳一阵攻打之后，城内守军抵挡不住，请求投降。黄法氍见对方答应投降，便下令部队停止攻击，坐等齐军打开城门请自己进城。

没想到这是城内守军使用的缓兵之计，他们趁着城外攻击停歇的空当，修筑城防，组织兵员，又搞起了防守反击。被耍弄的黄法氍气得两眼喷火，组织军队发起了更猛烈的攻击。城门攻破之后，黄法氍展开了血腥的报复行动，将守城的北齐将士一个不留地全部杀死了。

之后，他继续指挥部队向西北方向的合肥进军。合肥守军见秦州、历阳等多城都已被陈军占领，再加上黄法氍在历阳的残酷屠城，吓得不敢抵抗。黄法氍一到合肥城下，北齐军就乖乖打开城门放他入城。黄法氍在合肥倒是表现得很人道，对主动放下武器的敌军，他下令禁止对他们进行任何伤害，而且还发给他们路费，客客气气地派军队送他们回国，真正做到了优待俘虏。这样文明对待战俘的，在那个时代，真是凤毛麟角，少之又少。不过这家伙一会儿是魔鬼，一会儿是天使，不值得赞颂。

合肥拿下后，南陈北伐可以说是已经实现了第一步战略目标。但对于此时踌躇满志的陈顼来说，这只是战争的开始，他的下一个目标是合肥左前方的寿阳城。寿阳所在地对南北双方而言，都是极为重要的战略城市。

对北齐来说，拥有寿阳，可以随时眺望建康，对南陈形成侧面威胁，同时可以遏制南陈军队北上进行军事行动。

于南陈而言，如果夺得寿阳，则北边视野豁然开朗，拥淮河入怀，望黄河流波，进可攻，退可守，只要寿阳不失，长江防线就固若金汤，都城建康可永久高枕无忧。夺下寿阳是南陈宣帝陈顼此次北伐欲必达到的目标。于是，双方围绕寿阳城的得失，展开了一场大规模作战。

南陈军元帅吴明彻率北伐主力进逼寿阳。北齐早就看出了南陈的战略意图，知道他们意在寿阳。所以在尉破胡军败后，北齐就命令王琳前往寿阳协助防守。这个王琳就是以前经常跟陈霸先交手的那个梁国大将，他兵败后一直流亡北齐。为了应对南陈北伐，北齐特地打出了这张"南方牌"，他们知道王琳智勇皆备，便让他跟随尉破胡一起南下救援历阳。

行军路上，王琳一直在劝尉破胡："吴兵甚锐，宜以长策制之，慎勿轻斗！"王琳看出来了北上陈军士气正旺，劝他暂时避敌锋芒，从长计议，不要正面跟对方硬碰。但尉破胡根本不听他的，不顾自己远途跋涉的疲倦，一到历阳就跟吴明彻硬干，最后全军覆没。王琳一个人从战场落荒逃出，跑到彭城。刚到彭城喘口气，北齐朝廷就命令他就地收集尉破胡被打散的残军，赶赴寿阳。

王琳到达寿阳后，立即在寿阳外城布防，准备阻击前来攻城的陈军。吴明彻知道王琳这家伙厉害，决定以快打慢，趁他刚到寿阳立足未稳时给他来个风扫落叶。王琳没想到吴明彻会这么欺负新来的，正在指挥手下加紧设垒呢，吴明彻带着人和家伙就冲过来了。一方准备充分，一方措手不及。这仗当然是没法打，王琳部队很快被击溃，被迫退守内城。

王琳在十几年前跟陈蒨争夺江南控制权失利后，便逃亡北齐。北齐虽然收留了王琳，但对他始终存有防范之心。在北齐高家眼里，王琳身上始终贴着"南方汉人"的标签，而汉人在当时的北方胡族眼中是遭到敌视、蔑视和低人一等的。他们甚至将汉人分成了不同的两个等级，淮河以北的汉人地位要高于长江以南的汉人。北齐高家其实也是汉人，但因为世居怀朔（今内蒙古包头市附近），已经完全鲜卑化，高欢的妻子娄昭君就是鲜卑族，娄昭君对高欢其他的汉族小妾是非常轻视的，呼来喝去是家常便饭。

而智商和情商都很超群的高欢，当年为了调和水火不容的胡汉之间的矛盾，也是煞费苦心，两边讨好安抚。在鲜卑人面前，高欢以高傲的口吻激励他们："汉民是汝奴，夫为汝耕，妇为汝织，输汝粟帛，令汝温饱，汝何为凌之？"这其实是已鲜卑化的高欢心里话，他叫鲜卑贵族不要跟低贱的汉族奴隶计较什么，说汉族男人为你们耕地劳作，女人为你们纺纱织布，使你们衣食无忧，你们干吗还要欺负他们呢？

但在饱受鲜卑贵族欺负的汉人面前，高欢又换了一副腔调，说："鲜卑是汝作客，得汝一斛粟，一匹绢，为汝击贼，令汝安宁，汝何为疾之？"

那时候的社会分工是鲜卑人负责打仗，汉人负责耕种，只有高敖曹是个例外，他率领着唯一一支由汉人组成的军队。高欢真是个具有高级政工职称的做思想政治工作的好手，他在汉人面前把鲜卑人贬得都低到海平面以下了，说鲜卑人就是你们的雇工，他们拿了你们一斗粮食、一匹绸缎，却冒着生命危险为你们在战场上冲锋陷阵，铲杀盗贼，使你们过上了安乐太平的日子，你们为什么还要痛恨他们呢？

当时高欢在北方属于呼风唤雨的人物，连他都不得不对胡汉矛盾采取和稀泥的办法，可见胡汉之间矛盾何其尖锐——互不信任。

王琳虽然有才，但北齐朝廷因为他的汉人身份，不愿对他委以重任。这次因为南方战事吃紧，北齐才把他派往淮河战场，让他协助尉破胡治军，但尉破胡职务比他高，权力比他大，作为一个鲜卑将领，尉破胡根本就没拿正眼瞧过王琳，王琳人在军中，但没起到任何作用，等到尉破胡被打败后，北齐觉得必须要让王琳挑大梁了，不然南边局势会更糟。于是便紧急命令王琳承担起防卫寿阳的责任。

这本来是件好事，可以让王琳在战场上自由发挥他的用兵特长，抵御北上的南陈军队。但北齐还是不放心他，怕他掌握兵权后在南方起兵单干，就又以组织关心的名义，给他派来了一个叫卢潜的将军作为他的副手。

卢潜也是从江南流落到北方的，他跟王琳是对头，很多年前就一直和王琳唱反调，北齐把他派到王琳身边，醉翁之意很明显——监督王琳，别让他耍花样。

这种处境下的王琳，等于是被拴上了绳索，根本无法按照自己的意愿和想法去打仗，失败自是无可避免。如果放手让王琳带着队伍去打，按照王琳的水平，北齐军不至于败得那么惨。但拥有几代昏庸君王的北齐，在政权晚期的时候，妖孽横行，自葬国运前程，被他国取而代之一点也不奇怪。

吴明彻包围寿阳后，采用水淹办法攻城。陈军在离寿阳城不远的淝水上筑坝拦河，使河水改变流向，将寿阳变成一片泽国。城内军民可遭殃了，因为长期浸泡在水中，很多人身体浮肿溃烂而死，还有许多人因为水源污染患上了腹泻病，城内人员百分之六七十都被水浸泡死了，剩下的一些人也都是有气无力地挣扎在死亡边缘，哪还有力气去守城打仗。对北齐而言，寿阳城万分危急！

北齐知道寿阳的重要性，尉破胡之后，又派遣大将皮景和率军南下增援。这次北齐下了大注，三十万军队随皮景和杀向南方，高纬一心想保住寿阳不失。无奈兵硬将不硬。皮景和虽然握有三十万军队，但他害怕自己遭到像尉破胡一样的惨败，不敢跟陈军接战，带着军队故意在路上磨磨蹭蹭，一天的路程他分成两天走，两天的路程他能慢吞吞地走五天，长时间在淮河以北兜圈子。高纬见皮景和行军如此缓慢，急得多次派人催促，要他加快速度赶往寿阳。皮景和见皇帝真急了，不敢硬扛，只得硬着头皮渡过淮河，在距寿阳城三十里的地方安营扎寨，再也不愿向前移动一步。

三十万齐军驻扎寿阳城外的消息传开后，陈军所有的将领都被笼罩在一种巨大的忧虑和恐惧中："坚城未拔，大援在近，将若之何？"也不怪。两支部队，一个城里、一个城外精疲力竭打了好多天，突然背后来了对方的几十万个帮手，搁谁谁都害怕和绝望。南陈北伐军将领得知大量北齐援军到来后，信心完全丧失，他们集体跑到元帅吴明彻的面前诉苦叹息说，这边坚城还没有攻破，那边敌人庞大的援军已到城下，怎么办？我们该怎么办？

这种情况下，大家在问怎么办的同时其实已经给出了倾向性答案：形势极度危险，我们赶紧退兵回国吧！吴明彻作为北伐军元帅，此时凸显了他杰出的军事指挥才能。他不仅没有附和支持众多将领的退兵念头，反而提出要主动先下手，对寿阳城外的数十万来援齐军发起攻击。

陈军将领们觉得元帅是不是脑子被吓坏了，要不怎么会想出这种违反常规的送死招式？面对一脸不可思议表情包的将领们，吴明彻讲出了自己的判断，他说军事行动，最重要的就是要迅速。齐国数十万大军，如果渡河后不停不歇，迅速开到我们所在的战场，和城内守军里应外合，我们必然败多胜少，但他们现在却在三十里外扎营，很显然是内心害怕，不敢挑战我们。

吴明彻认为北齐军队的踟蹰不前是送给陈军的一次难得机遇，陈军应该抓住这个战机，对寿阳城来一次大总攻，在对方援军采取军事行动之前拿下寿阳。在吴明彻的坚持下，陈军对千疮百孔的寿阳发起了最猛烈的进攻。吴明彻头戴铁盔，身着铠甲，在最危险的前线指挥作战。城内守军虽然抵抗顽强，但最终顶不住陈军背水一战情势下的拼死攻击，城门被攻破。

皮景和得知寿阳失守后，吓得魂魄出窍，赶紧带着队伍拔营回逃。慌乱之中，数不清的骆驼、战马以及其他军用物资都被丢在路旁，陈军未损一兵，白赚了大量战利品。这种赚翻的结果是吴明彻完全没有想到的，他从来没想过要带着手下那些已征战多日的疲军去跟三十万来势汹汹的齐军作战的，猛攻寿阳是迫不得已的战法，只是想占领寿阳后，把寿阳作为驻守休整军队的大本营，避免自己被北齐军队吃掉，哪承想意外地得了那么巨型的一个红包，这也算是对吴明彻临危不惧、临阵不乱的一种奖赏吧。

寿阳破城后，城内所有高级官员都成了俘虏，包括前不久进入城内协防的王琳，他的被俘引发了一系列令人意想不到的事件。王琳这个人是很有一些本事的，记忆力超强，他手下的几千名官员，每个人的名字他都记得住。见到谁，马上就能喊出他的职务和姓名，再加上他一贯处事公正，爱惜人才，善待士兵，所以很受部众的拥戴。

王琳之前的很多老部下都在吴明彻的军中任职，王琳被俘后，这些人联合起来，争着向吴明彻求情，希望能放老领导一马："及被擒，故麾下将卒多在明彻军中，见者皆欷歔，不能仰视，争为之请命及致资给。"那些以前的部下，不但哭着请求吴明彻释放王琳，而且还争着给王琳送钱送衣服。因为吴明彻命人将王琳等高干俘虏押送到建康处理，所以那些老部下给他送钱作为路费，送衣服便于御寒，怕他在路上冻着饿着。

吴明彻根本没料到王琳竟然这么受军士拥戴，一个流亡外邦多年的人，居然还有那么大的影响力，这太可怕了，弄不好会在押送途中闹出大乱子，必须对其斩草除根。当时王琳已经走出寿阳二十多里路了，吴明彻害怕发生对朝廷不利的变故，紧急派出一队人马追上王琳，将其就地杀死，永绝后患。王琳死讯传出后，军中和民间一片哭声，很多人到他死去的地方悼念哭泣。

也不知道这是真的还是假的，反正史书上是这么记的。一个普通将领，生前死后能引起这么多人的情绪震荡，着实让人感觉诧异，难怪吴明彻擅自做主杀了他。当然，从人性和生命的角度看，吴明彻的杀人行为是违背道义和不正当的，但从维护国家安全的角度看，吴明彻的政治敏感性和主动性都是非常值得称道的。这样一个得人心得军心的敌对将领，随时随地都有可能成为引发暴乱的危险源点，振臂一呼，应者云集的局面说不定就在下一秒发生。从这个方面看，吴明彻果断出狠手，是符合南陈的国家安全利益的。

寿阳之战的胜利让南陈皇帝陈顼大喜过望，他特地派遣专使带着册封褒奖吴明彻的诏书远赴寿阳，为吴明彻举行了一个盛大的表彰仪式。在寿阳城南垒设了一座高大的土台，二十万将士环列四周，军旗猎猎招展，刀枪盔甲闪耀，场面极为庄严盛大。

在二十万双眼睛的凝视下，吴明彻登上高台，接受皇帝册封，他被任命为六州诸军事、车骑大将军、豫州刺史，食邑三千五百户。这个奖励很重，体现了皇帝对吴明彻此次作战的超级满意和高度认可。六州诸军事是将豫州、合州、建州、光州、朔州、北徐州这六个州的军事指挥权都交给了吴明彻，这六个州处于边境，相当于一个大战区司令。车骑大将军的职务更是显赫，属于南陈中央军事要职。食邑三千五百户则是福利待遇。三千五百家产生的赋税收入不入国库，交给他个人支配。

而豫州这个名字则是陈顼为这次胜利刚刚更改的州名。寿阳进入南陈版图以后，陈顼恢复了寿阳在宋、齐时代的老名字——豫州，属于豫州管辖。从改名这件事情上可以看出，陈顼对寿阳大捷是多么地志得意满，多么地扬眉吐气！寿阳在前朝丧失，在他的手上得以光复，在他看来，这是一件伟大的历史功绩，是他立主北伐行动的伟大战果。

陈顼的确是有理由自豪的。这一波的北伐战争行动顺利，战果明显，增长了军威，弘扬了国威。战争从杨柳依依的三月份开始，还没到雨雪霏霏的季节，十月份就迅速结束，只持续了短短的七个月时间。这是一个了不起的成就。通过这次向北用兵，南陈收复了淮河以南地区，成功将历阳和寿阳两座重要城池收入囊中，消除了淮河以南地区多年来一直存在的对都城建康构成的两大危险源，圆满实现了北伐军事行动的战略目标。

对于这次北伐所取得的功绩，很多史家都是称赞有加的。唐代名相魏征在《陈书》中给予了特别高的评价，说陈宣帝"扬旆分麾，风行电扫，辟土千里，奄有淮、泗，战胜攻取之势，近古未之有也"。魏征作为唐太宗的丞相，见惯了战神李世民攻城略地、秋风荡叶的战绩，但他却把陈顼的这次北伐胜利抬高到了百年来少有的与众不同，足见太建北伐在他心目中的重量。

写到这个时候，按照常理，本章该画句号结束了。但是，事情并没有那么简单。对于历史事件，我们是要用整体的眼光连贯地去分析看待的。一时一地发生的所有事情，都只是历史长河中的碎片，只有将这些长河中的点点碎片一个个连接起来，才能形成最终的真实客观历史。

陈宣帝陈顼推动的这次太建北伐，截止到寿阳大捷，只是开了个头，更大的事情还在后面。其实太建北伐可以分为上下两场，前面的七个月只是上半场。上半场南陈完胜北齐。

不过，这场南陈全程参加的战斗在上半场结束后，形势突然发生了急剧变化。下半场的战斗对手不在了，换成了一个全新的对手——北周。

不要以为是作者笔误写错了。没错，就是北周。上半场双方还亲热地拥抱在一起，同志加兄弟地互相给力支持，共同打击北齐，下半场却画风突变，你死我活。

为什么友谊的小船说翻就翻呢？

利益。

为了利益。

果然，国与国之间，没有永远的朋友，只有永远的利益。在令人眼热的利益面前，陈顼先撕破了贴在脸上的朋友标签。

陈顼之所以手撕标签，是因为当时的国际形势突然发生了重大变化。在南陈夺得淮南诸城后进行中场休息的三年多时间里，北周和北齐一直没有停止互相作战。两国战争中，北周始终是主动方，一有时间就对北齐发起攻击。北齐被北周打得节节败退，疲于应付。

北周武帝宇文邕的目的很明确，就是奔着灭亡北齐国去的。同样是皇帝，北齐皇帝高纬却日夜沉溺于后宫，忙着赏玩冯小怜的玉体，忙着和一帮佞臣游戏作乐。当寿阳失陷的消息传到齐国内廷后，高纬正在和齐穆提婆、韩长鸾两个大奸臣开心地玩游戏。听说自己很在意的寿阳城被陈国夺走，高纬心情立刻晴天转阴天。

齐穆提婆劝他说："本是彼物，从其取去。"他不是劝皇帝奋发图强、卧薪尝胆，有朝一日再夺回城池，而是轻描淡写地说，寿阳本来就是他们的土地，也是以前咱们从他们手里抢过来的，现在物归原主，随他们拿回去吧。怕自己这么直白的说法没有说服力，齐穆提婆又从人生苦短，当及时行乐的角度劝慰高纬说，现在也只是丢失了淮河以南的土地，即便是黄河以南的土地也全被他们拿去，又有什么影响呢？咱们还有黄河以北，照样吃喝玩乐无忧，何必为一个寿阳去发愁呢！

高纬听他们这么一说，感觉找到知音了，觉得还是追求当下的快乐为要，马上转愁为喜，更加疯狂地饮酒狂舞起来。一个皇帝专注酒场，一个皇帝专注战场。这种完全不对等的性质，让两国之间的战争胜负立显。太建九年（公元577年）二月，北周吞并北齐。高纬被俘虏。北齐五十个州，三百零三万户全部成为北周的战利品。

据《北史》记载，北齐亡国时共有两千万人口，而北周只有九百万人，而江对面的南陈只有区区两百万人。三个国家中，最大的反而最先灭亡，真是一个巨大的讽刺。从这个事例可以看出，拥有一个英明的皇帝，对国家是多么的重要！

不过，对于北齐两千万人的统计数据很难让人信服。按照三百万户家庭总数，平均每家每户要有七个人才能达到这个数字，而在那个食不果腹、医术落后且征战不休的年代，一家存在七个家庭成员的难度很大，但即便是每户四个人，也是一千二百万人，仍然是当时最大的国家。

北周灭亡北齐之战，不同于其他许多朝代小国彼此之间你打来我杀去的战斗，这是一场伟大的战争，北周的此次胜利，对中国历史产生了持久的影响。周武帝宇文邕领导的这场战争，其最特殊的意义，在于他结束了中国北方长期以来分裂混战的局面，统一了北方全境。

我们都知道，黄河流域及其以北土地，自北魏末年分裂成东、西两魏之后，四十多年间，东魏、西魏、北齐、北周轮番更替换代，其间各方为了争权夺地，走马灯似的残酷厮杀，战火四处燃烧，鲜血洒遍了黄河两岸，人民苦不堪言，命如蝼蚁。

相比起同在这块土地上和平兴盛两百年的武威汉朝，简直让人不敢相信这是同一块土地，同一片蓝天。而宇文邕以他的铁腕和智慧结束了北方的分裂，他统一了纷乱如麻的北方全境，播下了中国大北方和平安宁的种子，这颗种子很快就发芽生根，飞速壮大，直至亭亭如盖，盖住了大江南北。

令人惋惜的是，周武帝宇文邕在统一北方后的第二年就死了。因为死得太早，死在了大业起步期，所以宇文邕在中国历史上知名度不高，和紧随其后统一中国的隋文帝杨坚的知名度相比，几乎不是一个量级上的。但我们一定要知道，杨坚其实是站在宇文邕这个巨人肩膀上完成国家统一的。如果没有宇文邕打下的坚实基础，北方混战的现实还会继续，更何谈统一。

从后北周时代的历史事实看，我们可以残忍地说，宇文邕真是死得好险！因为接替他皇位的儿子宇文赟昏聩荒淫的程度跟高纬不相上下，把国家搞得一团糟。如果宇文邕病死在北方统一之前，那北方短时间内就不大可能有机会统一了。而没有北方统一的力量做基础，长江以南的统一是不可能会实现的。因此，我们在读历史的时候，不能光记着光芒四射的人物，对宇文邕这样拥有万丈光芒，但还没来得及放射的人物，也应该投去赞赏的目光，致以足够的敬意。

再回到陈顼这个人物上来。

陈顼在上一次的北伐中尝到了很大甜头，攻占了北齐大小几十座城市，将淮南之地尽收囊中，那感觉，不一样的酸爽。在得知北齐亡国的消息后，陈顼觉得有机可乘，打起了攻占徐州的主意。在他看来，北周和北齐刚刚大战一场，元气不足，自己趁北周疲惫不堪的时候，北伐徐州，把帝国边界推进到黄河一线，实现黄淮一家、开疆拓土的伟大功绩。

这个想法没有任何问题，甚至可以说思路很宏大。徐州这个地方的重要性，本系列图书中已有多次介绍。陈顼在册封吴明彻的诏书中，曾对吴明彻夺下的寿阳城重大意义有过直接描述："寿春者古之都会，襟带淮、汝，控引河、洛，得之者安，是称要害。"

就是说，得到了寿阳，淮河以南从此安稳。而徐州对黄河以南的军事意义，跟寿阳对淮河的意义差不多，重要性无与伦比。如果南陈果真将徐州纳入境内，则长江防线压力顿消，扼守黄河天险，扩展战略纵深，都城建康从此高枕无忧。在这种利益驱使下，陈顼顾不上自己和北周签订的友好条约了，决定夺占徐州，将北周势力赶出黄河以南。

就这样，太建北伐的下半场开始了。太建九年（公元577年）十月，陈顼命令吴明彻立即率军北进，攻打徐州。吴明彻受命后迅速行动，北伐大军烟尘滚滚地开到吕梁城下。这个吕梁跟大家熟知的山西省那个吕梁山下的吕梁市可不是一回事，只是地名相同而已，特意说明一下，免得大家产生怎么徐州打仗，战场却跑到山西去了的疑惑。

吴明彻所攻打的吕梁在今天的徐州市东南部，现在已经变成了一个风景旅游区。当年吴明彻杀气腾腾而来时，这里是一个刀光剑影的战区。听说陈军前来攻打城池，守卫徐州的北周将领梁士彦集结部队，和吴明彻在城外进行了正面对抗。

还没打几天，北周军队就全线溃败。梁士彦见打不过吴明彻，便改变战术，退进城内坚守不出，无论陈军怎么叫战，都是城门紧闭，固守待援。

吴明彻可不怕他们不出来，他是攻城老手，对于沿河城池，他一贯的攻城手法是一围二淹。先把城池团团围住，断绝城内外出通道，让其在信息传递接收和物资供应上变成一座与世隔绝的孤岛，然后再截流河道，引水灌城，把一座座本来远离河水的城池都变成汪洋一片的威尼斯。

这次也是一样，吴明彻下令引水灌城，全军将士秒变工程兵，集体挖土，拦河筑坝，使河水折向，流往吕梁。双方在这种胶着状态下对峙了三个多月。其间，随着河水的升高，南陈舰船绕城而泊，发起四面围攻，徐州危在旦夕。

北周怎么可能接受徐州丢失的结果？那是护佑着黄河以南领土的堡垒所在，如果被南陈抢走，北周将尽失在黄淮间的优势存在，必须火速增兵南下作战，确保徐州安全。大将王轨渡河而来，他的这次南下不同寻常，目的并不是简单地驱散围攻徐州的南陈军队，解除徐州的燃眉之急，而是立意长远，要通过这一战，将北伐的南陈军队全部消灭，为下一步兵指长江以南扫清障碍，减少阻力。

王轨这次救援徐州的手法确实不同以往，他并不是带着人马火急火燎地第一时间赶往徐州城下，而是轻装急行，先来到了徐州城东边的淮口，即泗河流入淮河的入口处。泗河在古代叫作泗水。宋朝诗人朱熹的"胜日寻芳泗水滨，无边光景一时新"的诗句写的就是这条河。徐州濒临泗河，而泗河是向东流入淮河的，两条河流在淮口汇合后，一并东行入海。

攻打徐州的南陈舰船如果要回国，必须经过淮口，由泗河转入淮河。王轨率先堵住淮口，目的特别明确，要把这支北上攻打徐州的南陈军队限制在泗河河道内。到达淮口后，王轨组织军队水陆两地同时施工，在泗河两岸建筑城堡，对河面形成夹岸对攻的阵势，并找来数百个巨大的车轮，用铁索贯穿锁在一起，将之投入河中，以此壅塞河道，阻挡南陈舰船从这里突围。

王轨在淮口的行为让徐州城下攻势正猛的南陈军士着急了，他们一下子没了攻城的心思，担心退路被北周军队封死，自己白白成了对方刀俎上的鱼肉。萧摩诃意识到了问题的严重性，心急如焚地找到吴明彻，请求他批准自己到淮口攻击周军。为了说服主帅，萧摩诃向吴明彻全方位陈述了问题的利害，说现在敌人正处在两岸筑城的初级阶段，如果我们此刻前去攻击，他们必无法抵抗，因为岸上没有可以依托的固定据点，而一旦他们完成了两岸垒城任务，我们就会被困在泗河，成为敌人的俘虏。

萧摩诃说的半点都没错，打仗，最怕被别人截断后路，首尾全是敌人，肯定没有活路。按说有这么清晰的思路，这么勇敢的将军，吴明彻应该赞许地派萧摩诃依计而行，为部队安全保驾护航，但结果大出意料，吴明彻不但没有同意萧摩诃的意见，反而被萧摩诃的这个建议气得暴跳如雷，他对着萧摩诃大声责吼："搴旗陷陈，将军事也；长算远略，老夫事也。"

如果从字面意义上看，吴明彻讲得没错。萧摩诃作为他的麾下将军，只需要执行上级命令，负责在战场上冲锋陷阵，斩敌夺旗就行了，至于三军宏观层面上的运筹帷幄，筹划谋略，那是作为三军元帅吴明彻该操的心，的确不是他这位将军该考虑的事。

　　但萧摩诃作为部队的主力战将，在关键时刻给主帅出出主意，提提建议，也是完全正常的，不知道吴明彻为什么要发那么大的冲天怒火？吴明彻发火后，萧摩诃的反应是怎样的呢？《资治通鉴》是这样记载的："摩诃失色而退。"

　　萧摩诃属于那种在任何恶战前都面不改色的猛人，是属于演义小说里常写的那种"于万人之中取上将首级如探囊取物"级别的超级悍将，这样的人却因为吴明彻的一句责骂而面容变色，仓皇而退，可见吴明彻这次的暴怒指数之高。

　　但从当时的现实情况看，吴明彻的这次发怒，既莫名其妙，又缺乏必要，更何况萧摩诃的建议完全正确。从这个历史细节可以推断，因为连续打败周军，多次优势击败对手，吴明彻骄傲自满，听不进别人的意见了。作为一军之帅，骄傲到这种份上，焉有不败之理。看来再精明的元帅，也有糊涂的时候。吴明彻的这次糊涂，葬送了他之前的全部战果。十天后，周军在两岸建成了坚固的城池，两城对应，夹水而立，死死地锁住了河面，南陈舰船要想从这里进入淮河航道，已经没有半分可能。

　　淮口障碍设置完毕后，北周方面并不急于西进于围攻徐州的陈军接战，而是从国内大量向淮口增兵，部队源源不断地开往淮泗交界地。很显然，北周这回下的是一盘大棋，不慌不忙地躲在一旁憋大招，要把吴明彻的这支南陈主力精锐全部吃掉。这个时候的形势，对南陈是极度不利了。前面的城池攻不下，后面的退路被堵死，说他们已成瓮中之鳖一点也不为过。

　　残酷的现实浇灭了吴明彻骄傲的心火，他后悔自己没有采取萧摩诃的战术策略。但再怎么悔不当初，也于事无补，只能在现实的基础上努力补救了。这次他认真听取了手下将军们的建议，决定挖开拦水大坝，利用洪水的快速下泄力量使舰船浮水而下，并期望通过这个泄洪办法抬高淮口的水位，深度淹没北周军队布设的水下障碍，从而使舰船顺利闯过淮口。拦水大坝掘开以后，水势果然很猛，滔滔洪水滚滚向前，带着严阵以待的南陈舰船顺水而下，势不可当地冲向淮河，眼看就要大功告成了。

　　看到这样的句式出现，大家都知道，其实这功成不了。掘坝的作用确实很大，南陈舰队随着汹涌的水波直冲淮河。这个突围办法确实对头，无奈事与愿违。因为水流的速度快过舰船很多，拦水坝里的水经过一段时间的流淌后，提前汇入淮河。当大量陈军舰船到达淮口时，因为上游水坝已无水可淌，水势突然变缓，陈军舰船触碰到周军布设在水底的车轮，全部搁浅动弹不得。

　　王轨见状，下令北周军队全线出击。南陈三万多北伐军队，毫无还手之力，被全部歼灭，连最高元帅吴明彻也成了俘虏。

　　吴明彻本来是有机会退回国内的。作为一军之长，即使军队再败得惨不忍睹，他也是有足够的力量安全撤回的。掘坝前，萧摩诃曾经建议吴明彻率领步兵悄悄上岸，趁着夜色沿陆路杀回建康。为了保证步兵安全回撤，萧摩诃说他愿意率领几千骑兵，前后快速机动，掩护全军突围。

　　吴明彻拒绝了萧摩诃。

　　不过这次的拒绝原因跟上次不一样。上一次缘于私心，这一次却拒绝得颇有点崇高伟大、视死如归的意味。吴明彻首先肯定了萧摩诃的想法，说你这个策略的确是再好不过了，但步兵人数太多，我作为最高统帅，不能自己跑在最前面，应该身居后卫，指挥协调整个部队有序撤退。

无论萧摩诃怎么劝说，吴明彻就是不肯先走。他反而命令萧摩诃先走："弟马军宜须在前，不可迟缓。"吴明彻要求萧摩诃率领骑兵在前面开道，马上出发，不得延误。战事紧急，不容耽搁。萧摩诃点出八十名精干骑士，自己一马当先，带着这八十人率先冲锋，大部骑兵随后跟上。经过一夜急行，成功抵达淮河南岸。这次北伐行动，南陈只有三名将军成功将自己的部队带回国内，其他绝大多数主力部队都被北周消灭，损失的武器和物资更是不计其数。

吴明彻被俘后，北周欣赏他的军事才华，没有羞辱和薄待他，而是封他为大将军，以高干待遇养着他，但作为一代名将，他无法忍受被人生擒活捉的挫败，当年就忧郁而死。南陈方面也没有因为吴明彻成为敌国俘虏而对他愤恨责怪，而对他予以充分的理解和宽容，甚至拿弹尽粮绝情况下无奈投降匈奴的西汉名将李陵与他相提并论。

在吴明彻死后的第五年，陈后主还念念不忘吴明彻对陈国的重大贡献，专门下诏褒赞追封他为开国侯，由他留在陈国的儿子吴惠觉继承爵位。

随着吴明彻的被俘，南陈下半场的北伐行动宣告彻底失败。这也是南朝的最后一次北伐，此时，南朝政权已经是摇摇欲坠的夕阳，即将没入地平线以下。一年后，北周大军猛烈南下，轻而易举夺得南陈大片城池，长江以北土地全部落入北周之手，羸弱的陈帝国，只能暂时凭借浩荡湍急的长江之水阻挡北方军事力量的南下趋势。

在陈顼时代，北伐最后一次华光飞闪，如烟花一般，短暂璀璨之后，随即坠入沉沉夜色。如果要对太建北伐进行评价，只能是两句话：五年北伐一场空，一场游戏一场梦。

陈顼本想通过北伐建立功勋，扩大版图，巩固政权，奈何力有不逮，惨败收场，搬起石头砸了自己的脚。综合分析太建北伐全过程，我们可以看到南北方两个皇帝之间在高端智慧领域存在的差距。陈顼虽然也能算得上是一个明君，但在思路格局上明显逊于宇文邕。说得直接一点，就是在北伐问题上，陈顼被宇文邕给骗了，给耍了，给利用了。北周邀请他共同击齐，很显然是没安好心，而陈顼竟然没有看透这是个计谋圈套。

北周和南陈的合作真的是一箭双雕。可以让南陈帮助自己消灭多年来相持不下的宿敌，同时利用陈、齐之间的战斗，削弱南陈的有生力量，便于自己未来的军事行动。因为在宇文邕的中期目标中，就有渡过长江，统一南北的规划。陈顼不应该联强击弱，最好的方法是拒绝邀约，让三方同时存在，彼此牵制，保持局势平衡。

但是，他错了，错误地答应了北周。

陈顼的错误并不止这一个。他悍然冒失、不自量力地挑起徐州之战是更大的错误。战争，表面上看是你砍我杀，比谁手快，比谁命大，比谁勇敢，比谁谋算出众，但这些都不是决定战争胜负的最终因素，影响战争走向的最重要的东西是经济力量。

不是有"兵马未动，粮草先行"一说嘛。你有多少钱能支撑前方将士的战争开销？战争机器一开，什么都是钱，没有强大的国家财力做后盾，战争必败。而当时的南陈，只有两百万人口，国家经济也是在连年征战后百废待兴，根本没有足够的经济能力支撑大规模的战争，更何况挑战的对象还是有着千万人口的大国，这是名副其实的以卵击石。发起徐州之战是陈顼在战略上的重大误判，是前期北伐的胜利冲昏了他的头脑，跟吴明彻犯了同样骄傲的错误。

陈顼心里一直认为，徐州城会兵到即下的。不过他的手下有不少比他明白的大臣，像毛喜、蔡景历等人听说皇帝要攻打徐州，赶忙上疏劝说制止。毛喜深入对比了陈、周两军的特长，说擅长水战的南方军队根本不是精通马战的北方人对手，更何况是陈军远途作战，军士的体力和士气都不是北周军的对手，应该休战养民、安边保境，养精蓄锐，以图长远。

陈顼根本不听，说毛喜是胆小鬼。蔡景历在奏疏上讲得特别直接："师老将骄，不宜过穷远略。"他认为南陈朝廷军队经过前期多次的北伐征战，士兵疲惫，将领骄横。此时急需息战，让局势缓和稳定下来，而不应该贪功冒进。听蔡景历这话音，口气中明显带有责怪皇帝好大喜功的意思。这下惹恼了陈顼，暴怒地将他从朝廷贬到偏远县城，还没等蔡景历出发，又改主意了，再加重处罚，这次连贬谪的待遇都没了，直接免除官职，剥夺爵位和采邑，让蔡景历从朝廷高官变成了一无所有的穷光蛋。

好在事实证明了蔡景历的正确。徐州攻击战失败后，陈顼想起了被他严厉处罚的蔡景历，赶紧把他接回朝堂，恢复一切待遇。只是那时候，结局已经产生，任何人都无力回天了。如果陈顼一开始就欣然接受了毛喜和蔡景历的建议，在夺得寿阳以后不再好高骛远地对黄河以南动心思，而是就地深耕淮河，和北周暂时保持友好，韬光养晦，保有实力，那么南陈的未来会更好一点。

进攻徐州是最坏的选择，最烂的招式，率先失信于盟友，既给了强敌攻打报复自己的借口，又让自己损兵折将，失土失疆。退缩到长江南边之后，南陈国势更是江河日下，急速走向灭亡境地。

南方的北伐，最终引来了北方的南征。两年后，杨坚取代北周，创建隋朝。又过了九年，承接北周强大国力的隋文帝杨坚一声令下，隋军渡过长江，占领建康，陈霸先创立的陈朝正式告别了历史舞台。

第七章　陈叔陵的"毒偷黄"

中国历史很特别。从夏商周开始，存在过那么多朝代，绵延几千年，但仔细分析一下，其实差不多就是一个朝代，因为每个朝代的运行轨迹都是一样一样的：王朝成立初期，政治清明，欣欣向荣；发展到中期的时候，黑白渐变，正邪失调；进入末代以后，荒诞不经，腐烂透顶。最终，被新的王朝推翻取代，然后，模式重启，周而复始……在所有王朝帝国的运行期间，几乎都会遭遇到最高领导权的争夺问题。谁来继承至高无上的职位？围绕着这个具有极大诱惑力的问题，在王朝时代，世子和庶子之间明争暗斗；在皇权时代，太子和皇子或激烈交锋，或私下较劲，只为争夺唯一一个君临天下的名额。历朝历代对这件事似乎都没有免疫力，所以，南朝的最后一个小朝廷，在同样的问题上当然无法幸免，南陈帝国权力交接的最后一棒，出现了你死我活的算计和争夺。

算计和争夺皇位的主角是陈叔陵。

陈叔陵，看这名字就知道，跟历史上那个大名鼎鼎的昏君皇帝，被人称为"陈后主"的陈叔宝有点渊源。不错。这两人一个老大，一个老二，亲兄弟，都是陈宣帝的儿子。

皇帝陈顼可真是能生，四十二个儿子一溜排开轮流报数，排头的声音要是不大，估计排在队尾的那个儿子都听不大清。在这一大溜儿子中，陈叔宝排在队首，因为他是长子。再加上他的妈妈柳氏是皇后，所以，他又是嫡长子。在清朝以前的帝制时代，"又嫡又长"是接任皇位的必备条件，缺一不可。光"嫡"不行，因为皇后可能生有好几个儿子，都具有嫡子身份，所以必须要有"长"字保驾才行。也可能别的妃子跟皇帝生的儿子年龄更"长"，但光长不"嫡"也没用，必须是皇后生的年龄最大的儿子，才是皇位的天然继承人。

陈叔宝很幸运，他就是陈顼的嫡长子，妥妥的皇二代。陈顼在登上皇位的当天，就册封他钟爱的女人柳敬言为皇后，同时册封他和柳氏所生的儿子陈叔宝为太子。

南朝的皇帝在对帝国政治影响深远的"一男一女"问题的处理上，都非常干脆。所谓"一男一女"即皇太子和皇后。这两个人选对帝国的安定团结极为重要，南朝的皇帝多是登基以后不久就确定了太子和皇后，不像很多朝代的皇帝那样，迟迟不确定这两个热点人物，有的皇帝快要死了才不得已做出选择。还有不少皇帝即便到死也没确立皇后，让后宫无数为得到这一职位而在皇帝身边使出浑身解数的美女为之望眼欲穿。有的皇帝则把太子之位作为驾驭众多儿子的重要砝码，捏在手里始终不落地，结果弄得一群儿子集体垂涎觊觎，明里暗里争得你死我活，把朝廷搞得刀光剑影。南朝的皇帝在这方面做得不错，早落实人选早安定，避免了因权位空缺而引发的宫廷权谋血斗。

　　按说，南陈建国之初就立了太子，而且皇帝陈顼在位期间，从未产生过更换太子的想法。作为非嫡非长的陈叔陵，是注定和皇位无缘的，但至尊无上的皇位诱惑力实在是太大了，陈叔陵想取陈叔宝而代之。

　　陈叔陵和陈叔宝是一对名副其实的难兄难弟。陈叔宝是哥哥，陈叔陵是弟弟。虽说是兄和弟的关系，但两人的出生间隔很短，少则几天，多则一个月。一夫多妻制下的兄弟，同一天出生的大有人在，不像现在，哥哥和弟弟怎么着也得有一年的间隔期。那会儿不是，一个男人的 A 老婆和 B 老婆同一天生下孩子不稀奇。上午出生的是哥，下午出生的是弟。

　　陈叔宝和陈叔陵兄弟俩也属于这种情况，只不过时间跨度稍长一点，但这两人的出生间隔到底是多久，史料没有给出确切的记载。陈叔宝因为是皇帝，所以他的出生日期比较明确——梁承圣二年十一月十五日，即公元 553 年。陈叔陵的出生日期只知道是梁承圣二年，但根据他传记中"高宗之第二子也"的记载，可以肯定他是出生在陈叔宝之后。而这一年在陈叔宝生日之后，也就剩下一个多月的时间，陈叔陵就是在这一个多月期间出生的，所以两人实际年龄相差无几。

　　"承圣"是梁元帝萧绎的年号。这个年号只存在了三年时间。第一年萧绎在江陵称帝改元，第二年陈叔宝、陈叔陵出生，第三年江陵就被西魏攻克，萧绎国破身亡。陈氏兄弟俩就悲催在这里了，从此开始了难兄难弟的日子。江陵政权灭亡后，陈顼一家成为俘虏，被西魏强掳到北方，那时候，两人都才刚满周岁，襁褓中嗷嗷待哺。

　　兄弟俩在国外一待就是八年，直到公元 562 年，才得益于伯父陈蒨的不懈努力回到南陈。走时牙牙学语，归来时已成少年。从这两人后来一生的龌龊卑鄙的所作所为看，童年时期的外番流浪生涯应当是对他们成年后的素质、个性、价值观产生了很大的影响。经济的困窘，良好家庭教育的缺失，直接导致了他们不正的三观。陈顼虽有那么多儿子，但当年跟随他流亡国外的这两个儿子却是最毒最坏、最误人误国的。陈叔宝的情况我们后文再讲，本章先来了解一下陈叔陵。

陈叔陵只活了二十九岁，他的一生很简单，简单到只需要用三个字来概括：毒、偷、黄。这三个字都是贬义词，因为在这位皇子的人生字典里，实在找不到一个能代表正能量的词汇。

陈叔陵回国以后，生活质量发生了过山车式的变化，政治地位直接从奴隶到将军，以前住的是地下室，现在是高阁楼。这种一百八十度的大反转，很容易让人心智畸变，迷失自我。

陈叔陵以前在西魏时，因为地位低下一直活得压抑卑微，回到南陈后，成了皇亲国戚，小小年纪就高官任做。在十五岁那年，他就被任命为江州刺史，都督江州诸军事，手持皇帝符节，成为威震一方的军区司令。第二年，他又被封为始兴郡王，完成了从街边瘪三到朝廷王爷的逆袭变身。这种淬火似的急剧转变，让陈叔陵毫无顾忌地释放出了他人性之中所有的恶性因子。《资治通鉴》说他"性苛刻狡险"，《陈书》说他"性严刻，部下慑惮"。

无论是他在江州主持军事，还是后来调任都督湘、衡、桂、武四州军事，他的所有部下都怕他跟怕鬼似的："诸州镇闻其至，皆震恐股栗。"每次他工作履新时，都几州欢乐几州愁。他离开的那几个州庆幸雀跃这个恶魔终于离开了。而他即将去任职的那几个州，上至官员，下到百姓，听说陈叔陵要来当领导，都觉得晴天霹雳，惊慌恐惧，不寒而栗，仿佛世界末日来临。

　　的确，对很多人而言，陈叔陵的到来，就是他们末日的到来。这是一个非常无理霸道的人。他要求所有的下属都对他无条件服从。在江州任职时，他下令那些州县上层官员的子侄亲人，甚至各县县长，都来为自己服务。豫章内史钱法成第一次去拜访陈叔陵时，陈叔陵就要求钱法成把儿子送到他那里为他服务，专门为他负责出行车仗一类的琐事。钱法成感觉特别耻辱，自己的儿子是一个知书达理的优秀青年，凭啥给你干这种低级活？便迟疑着拖了几天，没让儿子按时去报到。

　　陈叔陵大怒，对钱法成百般凌辱刁难。钱法成被逼得没办法，最终上吊自杀了。依仗着自己的皇子身份，陈叔陵跋扈异常。对自己管辖地区以外州县的官员民众，也强势命令他们服从自己。

　　这简直太奇葩了。

　　你当刺史，当司令，在你自己管辖的地盘上发号施令是正常行为，但你不能指挥不属于你管辖的别的州县官民呀，朝廷又没授予你这个权限，都这么来，那国家不乱套了。但陈叔陵不管这些，他认为国家就是他家，他想怎么干就怎么干，由着性子来，冠冕堂皇地把别的州县民众逼为自己手下，肆意欺凌压榨。

　　对那些不堪忍受他骚扰逼迫而逃走的人，陈叔陵会立刻杀死他们的妻子儿女。有的人被他抓进监狱，好几年都不准其家人探视。对那些不跟他一条心使坏作恶的官员，陈叔陵便以自己的身份之便，给朝廷写诬告信，随便给他们安上一个重大罪名，加以重刑迫害，或砍断手脚，或斩首屠戮，把他所在的地方弄成了恐怖气氛笼罩的人间地狱。

　　陈叔陵不仅对官员、百姓如此，即便是对自己的亲人，他也同样是蛇蝎毒心。新安王陈伯固是他的堂弟，前任皇帝陈蒨的儿子，两人是一个爷爷，血缘关系近得很。陈伯固虽然也是一个纨绔子弟，但他擅长诙谐幽默，插科打诨，属于南朝时代的"欢乐喜剧人"角色。因为这个特长，皇帝陈顼和太子陈叔宝都很喜欢陈伯固，把他视为朋友圈里的常客。

陈叔陵见陈伯固这么受父皇和太子哥喜欢，心里对他是嫉妒加痛恨，"阴求其过失，欲中之以法"。陈叔陵打起了坏主意，秘密调查寻访陈伯固以前做过什么错事，打算以此为证据，以法律的名义干掉他。不得不说，陈叔陵这招太狠了，官场上谁能经得起调查？更何况陈伯固本来就不是什么正经人，一个跟陈叔陵差不多的纨绔官二代。这家伙是个酒鬼，嗜酒如命，所得俸禄全部拿去买酒，每饮必醉，醉酒后丑态百出。这样的人，想找他的黑历史，真是太简单了，一抓一大把。

不久，陈叔陵权位上升，调任扬州刺史。扬州刺史相当于现在的京畿卫戍区总司令，是护卫京城建康的关键角色，在南朝的时候，能当上扬州刺史的，都是皇帝绝对信任的人物。陈叔陵大权在握，在朝廷中横行无阻，甭管任何人，只要稍不称他心意，就会遭到他的严厉报复，很多人都因此被免官或处斩。

陈伯固时任侍中，虽然也是位高权重，但他知道被这个来者不善的堂哥盯上，是件很可怕的事，于是主动放下身架，向陈叔陵谄媚示好。当他打听到陈叔陵有盗挖古墓的癖好时，便讨好巴结地对他说，自己喜欢射野鸡，以后正好可以陪他一起山林探险，寻古墓，打野鸡。要说这堂兄弟，还真是有点狗屎连稻草的味道，连业余爱好都这么配套。陈叔陵对陈伯固的投靠很满意，这正是他想要的结果。他看中了陈伯固的侍中身份，因为工作性质，陈伯固跟皇帝接触最多，陈叔陵希望通过他，获知皇帝的起居信息和一切动向。从此，陈伯固成为陈叔陵安插在内宫的固定线人，皇帝说过什么话，做过什么事，或即将要做什么事，陈伯固都毫无遗漏地偷偷告诉陈叔陵。两个人因此成为无话不谈的好朋友，一起挖墓，一块打野鸡，嗨得不亦乐乎，并密谋夺嫡。陈叔陵正是在和陈伯固密切交往的这段时间，产生出挤掉陈叔宝的太子之位，自己取而代之的想法。

上文讲的是陈叔陵人生的第一个字：毒。接下来讲的是第二个字：偷。这里所说的"偷"，并非指普通意义上偷钱包、偷财物的概念，而是特指盗墓。

盗墓是中国历史上很早就存在的丑恶糟粕现象。一说到盗墓，估计很多人都会想到曹操，把曹操视为史上最大盗墓贼，说他设立了发丘中郎将、摸金校尉这两个官职，把盗墓上升到国家行为。"发丘"就是挖墓的意思。挖开别人的坟墓，摸出墓中的金银财宝，以盗墓收入作为军费，养活部队将士，所以有人戏称曹操为国家盗墓办主任。

但其实所谓的发丘中郎将、摸金校尉官职，在所有和曹操有关的权威正史中，均找不到确切记载。也就是说，官方文件中公开的官职序列中，从来没有出现过这两个官名。所以基本可以肯定，发丘中郎将和摸金校尉是曹操的敌人栽赃丑化曹操的工具。而故意抹黑丑化曹操的则是袁绍校尉。袁绍和曹操同朝为官时，官职都是校尉。当时朝廷有五大校尉。曹操担任典军校尉，袁绍任中军校尉。

在袁绍讨伐曹操时，他的手下大笔杆子，建安七子之一的陈琳，写了篇讨伐曹操的檄文，檄文中痛骂曹操"置发丘中郎将、摸金校尉，所过隳突，无骸不露"。这是发丘中郎将和摸金校尉的第一出处，后来传播广泛的小说《三国演义》采用了这一说法，导致曹操成了挖别人祖坟的专业户和代名词。关于檄文这东西，我以前说过，它只是一种战争宣传工具，可以无中生有，可以把芝麻说成西瓜，把丝瓜说成冬瓜。根据曹操的高智商和高情商行事风格，即使他盗墓，也不可能明目张胆设置这样一个明显违反伦理的官职，那不是自己找抽吗？

东汉时，儒家思想已成社会主导意识形态，孝悌忠君早已成为社会共识，他那样聪明的人，怎么可能傻到冒天下之大不韪，公开自己挖别人祖坟的傻事？曹操一生行事谨慎，连唾手可得的皇位都一直不要，至死也没有篡夺刘家天下。他虽然不是皇帝，但纵其一生，都有皇帝之实，闷声发大财，躲在龙椅之后偷着乐。

这样的精明人，怎么可能昭示天下自己靠挖坟聚财致富？这么傻的人倒是有，但不是三国时期的曹操，而是南朝宋国的皇帝刘子业。刘子业在位时真的设立过发丘中郎将和摸金校尉这两个职位，由建安王刘休仁和山阳王刘休祐分别担任。只有这样的变态小暴君，才敢这么不顾一切地裸奔。只是由于刘子业的皇帝生涯太短，还没来得及大规模盗墓就死于非命，很多古墓才躲过一劫。

但到陈叔陵的时候，那些古墓依然难逃被暴晒的厄运。《陈书》中对陈叔陵的盗墓癖好是这样记载的："好游冢墓间，遇有茔表主名可知者，辄令左右发掘，取其石志古器，并骸骨肘胫，持为玩弄，藏之库中。"这情节看上去有点瘆得慌。别人喜欢游山玩水，陈叔陵却喜欢穿梭流连于山野荒坟之间。若是喜欢考古，发思古之幽情，那倒可以理解，但他却是以盗墓为目的，看到名人墓葬，马上命令手下挖开坟墓，把墓里面的宝物掠取一空还不算，连墓主人腐烂的尸骨都不放过，拿回去放到库房里作为藏品。

可以想象到这位天良不存的南朝王爷，在自己的藏品库房中向别人炫耀式介绍自己收藏的画面，一定是扬扬自得地说，这是春秋某某的天灵盖，这是汉朝某某的小腿骨……整个南朝皇族当中，陈家王朝令人恶心的变态王爷人数最少，这位算得上是一个。

陈叔陵盗挖了数不清的名人墓，其中大家最熟知的一位名人——东晋太傅谢安墓，就曾遭到他的毁灭性盗掘。谢安是影响和改变中国历史格局的重要人物，淝水之战的总指挥官。淝水大捷两年后，谢安就病死了。死后葬在了梅冈，即今天南京市雨花台附近的梅岭。梅岭在古代属于超级风水宝地，这座不高的小山岗上葬满了历朝名人。像南唐李煜朝的名臣韩熙载，名画《夜宴》的男主角；还有傲骨铮铮，被明成祖朱棣残酷处死的一代名臣方孝孺等人，也都是葬在梅岭。可以说，梅岭就是古时候的八宝山，一穴难求，没一定地位和名望，想埋在那个地方可不容易。

谢安作为东晋股肱之臣，又是豪族大姓，自然是占据了一块风水学意义上的上佳宝地。没想到，谢安死后两百年，却被毁墓曝尸。盗墓成癖的陈叔陵挖开谢安墓是基于两个原因。一方面是垂涎墓中的陪葬品。只要挖开了，墓里面值钱的东西都是他的；还有一个方面的原因是，他想把自己的母亲葬在谢安墓所在地。

太建十一年，陈叔陵的生母彭氏去世。陈叔陵觉得，谢安墓那块地风水最好，他要把母亲埋在那里。打定主意后，他就叫人把谢安墓挖开，搜罗了墓中的珍宝后，将谢安的棺木取出来扔在一边，然后把自己母亲的棺材埋进去。这种事情看上去简直不可思议，哪有这样鸠占鹊巢的。这么干的人，要么有病，要么别有用心。

从细节分析看，陈叔陵应该是两者兼而有之。这是个思维不正常的人，为了盗墓不择手段，甚至连自己的亲妈死后都被他结结实实地利用了一把。陈叔陵的葬母行为，应该是别有用心的一石二鸟。作为一个职业盗墓者，他极有可能是垂涎谢安墓很久了，只是基于谢安的影响力太大，才不敢贸然动手。

他母亲的去世正好是他上手的机会，可以光明正大、理直气壮地以"孝顺"之名挖墓葬母。这样不但满足了自己的盗墓私欲，还给自己披上了一层英雄悲壮式的华彩：即使遭万人唾骂，为了母亲有一个好归宿，我也毫不在乎！这么定义陈叔陵葬母，是有可信的证据支撑的。

《陈书·始兴王叔陵传》中对陈叔陵在母亲死后的行为表现有这样的直接描述："初丧之日，伪为哀毁，自称刺血写涅槃经。未及十日，乃令庖厨击鲜，日进甘膳。"彭氏刚死时，陈叔陵假装悲痛万分，说自己刺破手指，用鲜血抄写佛家经文为母亲超度祈福。只不过，伪装的日子太难熬了，还没到十天，他就装不下去了，叫厨子宰杀各种活鲜，每天山珍海味地吃起来。这是严重违背儒家孝道礼仪的。母亲去世，作为儿子，要很长时间不吃荤、不开笑脸、不听音乐、不亲近女人……以表示自己的悲伤难过之心。

陈叔陵，刚过一星期就受不了了，恢复了自己的本性。所以说，陈叔陵并不是一个孝顺的人，还没到那种为了母亲的下葬坟地而那么不顾一切、费心尽力的程度。事实上，他是一个非常自私虚伪的人，特别善于伪装作假。他的传记中，还有这样的记载："叔陵修饰虚名，每入朝，常于车中马上执卷读书，高声长诵，阳阳自若。"为了树立自己好学不倦的正面形象，陈叔陵每次在上朝的路上，总是拿着一本书高声朗读，摇头晃脑，旁若无人。他坐在车里的时候读，骑在马背上的时候也读，活脱脱一个学习型好干部。但其实他心里清楚，这不是读书，是表演读书。

这家伙表演功底挺扎实的，在大街上书不离手，可一回到家中，立马撕掉伪装，手持板斧，仿效沐猴手舞足蹈，还有各种各样奇怪的游戏，玩得那叫一个开心。一代名流谢安被这么个不入流的家伙掘墓剖棺，真的是太不幸了。令人稍感欣慰的是，后来陈叔陵因为谋反被杀，陈后主下令挖出彭氏的尸体，将墓地重新还给了谢家。

不过，经此一劫，谢安墓最终地址成为历史谜团，有的说还在梅岭，有的说迁到了浙江湖州，还有的说在浙江上虞。总之，这个谜是很难真正揭开了，目前全国存在的好几个谢安墓，谁愿意承认自己那里的墓中埋的不是谢先生的真身呢？

"黄"是陈叔陵的第三个特点。这个"黄"当然是黄赌毒的黄，陈叔陵是个好色成魔、荒淫不堪的花花皇子。他的生活作息迥异于正常人，跟前面几本书中提到过的刘昱、萧宝卷这样的变态者很相像，基本特征就是夜晚不睡觉，白天醒不来。

他每天都是中午开始睡觉，中午之前的上午，上午之前的早晨，早晨之前的夜晚，他不睡觉，一直在玩。他喊来一大帮狐朋狗友在家里聚会，明亮的蜡烛通宵燃烧，一屋子的人都在兴致勃勃地说着民间的琐碎隐私，谈论着无聊低俗的艳事。案几上堆满了酒肉美味，大家随便吃随便喝，一直到第二天中午，陈叔陵才开始睡觉。

王府里有很多女性服务人员，这些女子，无论结婚与否，无论是嫂子还是姑娘，只要样貌漂亮，陈叔陵不容分说设法霸占，强行将她们纳为侍妾。即使是为母亲处理丧事的时候，他也没有停止淫乐，每天在大快朵颐的同时，还"私召左右妻女，与之奸合"。

想一想这个画面其实很污，陈叔陵召来陪他玩乐的女子，并不是他自己的妻妾，而是手下或身边工作人员的妻子和女儿。哪个男人愿意让自己的妻子和女儿被别人肆意凌辱玩弄？但遇到陈叔陵这样的禽兽上司，躲不开，跑不了。谁要是违背他的意志，不能满足他的兽欲，全家都会死得很惨。

这种令人发指的恶行在民间激起了巨大的反对。因为事情影响太大，连皇帝陈顼都知道了。陈宣帝气得要死，大发雷霆之怒，下令将御史中丞王政撤职，同时还把陈叔陵身边的侍从人员全部抓起来一顿暴打。

这位皇帝的生气真是与众不同。自己的儿子花里胡哨、胡作非为，他不去教育、修理不争气的儿子，却把一大帮与之相干不大的人一通严惩，完全是头痛医脚的糊涂做派。他反倒觉得自己挺有理，说王政身为御史，对陈叔陵的所作所为没有尽到监督举报之责，怪陈叔陵的左右亲随没有规劝阻止陈叔陵的犯罪行为。

从这件事情看，陈顼的甩锅手法挺熟练，毫不费力就找到了一群背锅侠，把儿子犯罪的主要责任一推老远，撇得干净。儿子之所以在犯罪的泥潭越陷越深，都是因为别人没尽到责任，他的儿子没责任。

陈顼特别偏爱陈叔陵，无论这个二小子犯什么罪，他都不会给予处罚，顶多批评责骂一顿了事，不久之后又会安慰性地给他升职加官。

正是因为这样，陈叔陵才会在平时无法无天，由着性子发泄自己的淫色欲望，见到任何他感兴趣的大姑娘小媳妇，都敢强行据为已有。在他谋反失败的最后时刻，丧家犬般慌乱逃命之前，他还做了一件残酷的恶毒之事：把自己的七个漂亮妻妾全部推进深井中淹死。如此一个丧尽天良的人，要是当上了皇帝，绝对是国之灾难，民之灾难。

但是，陈叔陵就是一门心思地想当皇帝。为了达到目的，他甚至对太子哥哥举起了刀子。

第八章　持续六小时的谋反

陈叔陵一直在偷偷盯着父亲的皇位，一直在偷偷地做着准备。终于，他感觉机会来了。

太建十四年（公元 582 年）春节刚过完，正月初五，五十二岁的陈顼病倒了，病情挺严重的那种，卧床不能起。爸爸病了，儿子们自然要到床前服侍、尽孝。当时被允许到父皇病榻前近距离服务的，除了太子陈叔宝和始兴王陈叔陵外，还有长沙王陈叔坚。

陈叔坚是陈顼的第四个儿子，他跟二哥陈叔陵是水火不容的死对头，经常为一些小事死磕。两人针尖对麦芒，互不相让。上朝的时候，兄弟俩的仪仗马队在路上遇见了也各不相让。老二叫老四让开，四弟叫二哥滚蛋，双方手下为争抢路权，经常兵刃相见，打死人是常有的事。有一句俗语叫"三个女人一台戏"，而陈叔陵、陈叔坚、陈叔宝这三个大男人之间，更是大戏不断。

在这部大戏里，陈叔陵属于反派男一号，他对主角陈叔宝发起了死亡打击。陈叔宝是他哥，是法定太子，陈叔陵要想取而代之，就必须要干掉他。为了去掉陈叔宝，陈叔陵早早就想好了办法。他决定在和陈叔宝一起侍奉老爸的时候，趁其不备用刀砍死他！

但是，刀从哪里来呢？

我们都知道，在古代，任何臣下面见皇帝时，都是不准携带刀剑的。大臣上朝时，佩剑必须取下，达到一定级别的官员，可以佩戴木剑上朝。木剑是木头制成的，跟现在的玩具剑差不多，没有杀伤力，佩在身上主要起装饰作用。

陈叔陵虽贵为皇子，但见老爸时，一样要过安检，把佩剑放在指定地点，然后换上木剑进入内宫。但一到内廷病房，陈叔陵连木剑都会丢下扔在一边，在老爸面前，腰上挂着个剑鞘端茶倒水，不方便，也不好看，所以，陈叔陵腰上空空如也，啥也没有。陈叔陵虽然身上没刀，但他心中有刀，他早就盯上了内廷使用的切药刀了。

那会儿没有西医，中药主宰天下。而中药材很多都是来自植物，枝枝丫丫盘根硬果的，必须要经过切药刀的切割处理才能全效使用。而在陈顼的病榻旁边，就有中医现场配制成药，切药刀自是必不可少。陈叔陵觉得，这把切药刀是他用来铲除太子哥哥的好帮手，他把所有的希望都寄托在切药刀上。

为了确保切药刀能完美地砍死哥哥，他对切药刀进行了仔细观察，发现刀口一点也不锋利，于是特意吩咐药物管理官员："切药刀甚钝，可砺之！"当然，他是以刀口太钝影响切药效率，可能影响皇上病情这个高大上的理由提出的。药物管理官还挺感动的，觉得陈叔陵还真是替皇上病情着想的大孝子呢，连这么细节的小问题都考虑到了，药官做梦也想不到，要他磨刀的目的是为了杀起人来更方便快捷。

陈顼得的不知道是什么病，相关史书都找不到有关他死亡病因的确切记载，应该是一种非常严重的疾病，因为他正月初五生病，初十就死了。死得这么快是当时所有人都没想到的，陈叔陵觉得怎么着也能熬一段时间，毕竟有一个医疗专家组日夜在现场医治呢，不可能那么快就医治无效的。

所以当老爸驾崩的消息传出后，陈叔陵有点惊慌失措，匆匆忙忙地命令自己的随从去宫外把自己的佩剑拿来，他想趁皇帝刚死的混乱中，用自己锋利的宝剑杀死陈叔宝。哪知道随从没有正确体会到他的意图，飞快地取来了他的那把木头剑。陈叔陵抽出木剑，气得抓狂，大骂随从。随从被他骂得莫名其妙，他哪知道老板是想要用真剑去刺杀太子，借他两个胆子他也不敢这么想呀。

第二天，当陈顼的尸体被抬进棺材时，陈叔陵行动了。

对于老爸的死，陈叔陵一点也不悲伤，陈叔宝则是真伤心，想到和父皇从此天人永别，陈叔宝跪伏在地上，哭得泪雨滂沱。陈叔陵则抓住陈叔宝跪在地上哭泣的机会，拿来切药刀，对着毫无防备的陈叔宝脖颈猛砍下去。陈叔宝"扑通"一声倒在地上，昏死过去。

这突然发生的一幕惊呆了在场的所有人。

陈叔宝的母亲柳皇后见儿子倒下，不顾一切地冲上去救护儿子。陈叔陵见状又用刀对着柳皇后砍了好几下，这时候，陈叔宝的奶妈跑过来，使劲抱住陈叔陵的手臂，不让他再砍地上的陈叔宝。可奶妈力气再大也只是个女人，经不住杀红了眼的陈叔陵的大力挣扎，眼看着陈叔宝就要再次遭殃。

关键时刻，陈叔坚出现了。陈叔坚早就觉察到了二哥的不正常，在陈叔陵因为手下取来木剑而大发雷霆的时候，陈叔坚已经猜到了他的心思，于是便一直悄悄跟在他身边暗中监视。见陈叔陵持刀行凶，他立即上前掐住对方的脖子，夺下他手里的切药刀。趁着这个空当，苏醒过来的陈叔宝被奶妈扶着跑开了。陈叔坚夺下陈叔陵的刀后，将他拉到一个大柱子旁边，就地取材，以袖为绳，将陈叔陵宽大的衣袖绕住柱子，把他捆绑在柱子上。

被绑在柱子上的陈叔陵彻底失去了反抗能力，陈叔坚想借此机会杀死他，为朝廷除害，也顺便为自己出一口憋闷了多年的恶气。不过，陈叔陵虽然犯的是谋反死罪，但他身份特殊，没有太子的允许，陈叔坚不敢动手。他想得到太子准杀的授权，于是在绑好陈叔陵后，便顺着陈叔宝离开的方向紧急追赶，但惊吓过度的陈叔宝在奶妈的护送下，早就脚不沾地地跑得不见了踪影。等陈叔坚再回到现场时，陈叔陵也已经不见踪影了。陈叔陵力气很大，他趁着陈叔坚不在时，拼命挣脱捆绑的衣袖，疾奔回府。

回到府中，陈叔陵公开举起反旗。这个时候，他不需要再隐藏了，大刀阔斧地干起来。为了充实力量，他打开监狱，释放了治下的所有囚犯，让他们充当战士。又拿出金钱绸缎，散发给跟从他的官兵，还派人出城征调京畿部队。自己则身穿铠甲，全副武装登上城楼，公开招募新兵。可是现实让他欲哭无泪，没有一个人前来投效。他征召其他郡王和将领，也没有任何人愿意搭理他，只有陈伯固一个人单枪匹马地跑来跟他合作。

陈叔陵这样的人，谁能看得上呢？那些亲王和将军，对当时的政治形势都看得清清楚楚，谁都知道跟着陈叔陵就是送死，躲他都嫌来不及，还跟他一起闹革命？陈叔陵把囚犯军算上，也才只有千八百人，结果其实早就注定了。但陈叔陵不甘心，不死心，他觉得自己还有机会，因为宫城内防务空虚，只要他攻进内廷，杀死陈叔宝，就大功告成了。

但陈叔宝目前还是电影里的主角，一时半会死不了。京城当时的防卫确实薄弱，战斗力强的军队都在长江前线沿江布防。陈叔坚见情况紧急，建议柳皇后马上征调最近的卫戍将领——右卫将军萧摩诃火速进宫护驾。

当萧摩诃率领数百名骑兵出现在陈叔陵占据的城下时，陈叔陵惊恐万状，萧摩诃的战场威名如雷贯耳，对他来说是神一般的存在，他哪里有胆子跟萧摩诃对阵，赶紧派自己的机要秘书出城，给萧摩诃送去了一份大礼，把自己的出巡乐队毫无保留地全部送给了他，希望借此收买萧摩诃，让萧摩诃脱离朝廷，跟自己合作，并向萧摩诃慷慨许诺："事捷，必以公为台鼎。"

陈叔陵为了让萧摩诃投靠他，真的是下了大本钱，竟然把自己出行时的鼓吹仪仗一股脑儿无条件地过户到萧摩诃名下。从此后，他出门时再也不能弄出声势浩大的动静了，只能静悄悄地没有声响了，这对陈叔陵这样一贯爱慕虚荣讲排场的人来说，简直是难以想象的痛苦，可见陈叔陵对萧摩诃加入自己战队的渴望与急切。怕萧摩诃不为所动，陈叔陵继续加码，提前给萧摩诃封官许愿，说只要自己成功上台，一定任命他担任宰相。

萧摩诃高兴地答应了陈叔陵，说愿意跟他一起奋斗拼搏创大业，但他同时又提出了一个前提条件，要求陈叔陵重新派遣自己身边的文武心腹人员来跟自己商谈合作细节，这样他才敢听从命令。萧摩诃提出的这个合作条件是很正常自然的，毕竟事关重大，机要秘书确实级别低了点，怎么着也得有个秘书长以上人员出场，才能将洽谈合作带入正式程序吧。

陈叔陵觉得是这么回事，萧摩诃讲得有道理，于是便派自己最信任的戴温、谭骐骥两名将领来见萧摩诃。两人兴冲冲地来到萧营，还没来得及坐下，就被萧摩诃喝令绑了起来。戴、谭二人一下子蒙了，这是个什么鬼，不是说好的来谈合作革命的吗？怎么说翻脸就翻脸，把合作方朋友给抓起来了？

他们哪里知道，这其实是萧摩诃的将计就计之策。他故意答应帮陈叔陵夺位，骗他派心腹将领来接洽自己，然后杀掉他们，消灭陈叔陵倚重的人才，削弱对方的实力。戴温、谭骐骥这两人正好掉进萧摩诃早已挖好的坑里，成了双方争斗的牺牲品，被萧摩诃押送到宫城斩首，人头送到陈叔陵所在的城池下公开示众。

陈叔陵得知萧摩诃不但拒绝了自己，还把自己派去的左膀右臂也杀了，自知胜利无望，便跑进内室，把如花似玉的七个妻妾全部扔进水井里淹死，然后带着几百名士兵向城外逃跑，打算逃到郊外后再渡江往北，投奔隋国。

当时北方已经是隋文帝杨坚的天下，他已经取代北周登基为帝两年了。但是，陈叔陵想跑到国外可没那么容易，半路上就被萧摩诃的军队拦住了。陈叔陵身边虽有几百名步骑兵，但见到朝廷军队的拦截，个个都吓得一溜烟儿地逃散而去，哪还有人去想着保卫陈叔陵："摩诃马容陈智深迎刺叔陵僵仆，陈仲华就斩其首。"

史籍上记得很清楚，陈叔陵是被陈智深和陈仲华两人杀死的。这两人都是萧摩诃骑兵部队的马容。所谓马容，就是身材魁梧、长相帅气的骑兵。骑兵出动时，马容总是走在部队最前面，代表着骑兵的军容军貌。说白了，就是以貌取人，让长得高大、漂亮的士兵骑马走在队伍前列，碰见敌人也好传递给对方一个下马威，你看，我们的战士个个都长得威武壮美，你们赶紧退兵歇菜，下马投降吧！

其实古代物资匮乏，营养缺失，人的整体身高比现代人矮不少，长得高大威猛的男人比例很小，也就前面几排是猛男帅哥，后面跟着的大多是土肥圆，图个唬人的虚荣而已。但作为马容，整体实力上总是要高于其他士兵的，陈智深、陈仲华这两位马容在对阵陈叔陵时，表现得很是勇猛。前者看到陈叔陵后，二话不说上去就是一剑，刺中陈叔陵的面部。陈叔陵痛苦地栽下马背，后者连其翻身爬起的机会都不给，冲上前对其脖子就是一刀，砍下他的首级报功领赏去了。

古代人在战场上的残忍度是现代人难以想象的，充满着超级血腥暴力。为了证明自己立功了，总要把自己杀死的敌人或身体、或器官带回一部分。有把敌人左耳朵割下来的，也有割右耳的，有割下鼻子的，还有扛着胳膊大腿的。像刘邦的老对手项羽在垓下自刎而死后，不但脑袋被割走，连胳膊、大腿、躯干都分别被四个人抢走，这五个人后来都凭这个被刘邦封侯。

不过像这样在战场上瓜分敌人尸体的属于特例了，最通行的做法是割下脑袋。这种恶行是打秦朝那时候传下来的，始作俑者是改革家商鞅。他在秦国实施变法改革，把军工爵位按立功大小分为二十级。其中一个最变态的规定是，凡士兵在战场上提回敌人的一个脑袋，即可晋爵一级。所以那时候，一场战争打下来，很多秦军士兵腰里都挂着好几个脑袋。

脑袋在古代称为"首"，获一首升一级，"首级"这个词就是这么来的。陈叔陵的首级被送往内廷示众，他的尸体则被丢到江中，这种身首异处的死法在古代也有专属名词：殊死。就是非正常的死法。同样是死，被赐毒酒的，送一根白绫的，枭首广而告之的，虽然结果一样，但待遇是不一样的。

陈叔陵是造反派，这种犯罪是皇帝最恨的，没有之一，所以他的尸体被恶意处置，他的所有儿子也被全部杀死，王府被抄没，府里的亿万家财全部赏赐给了萧摩诃。追随陈叔陵的陈伯固也被乱兵杀死，不过他是从犯，没有身首异处，他所有的儿子命运也比陈叔陵儿子好点，性命得以保留，但全部被剥夺皇族爵位，身份降为平民。

这场宫廷政变始于寅时，终于巳时。相当于现在的凌晨四点到上午十点，只持续了短暂的六个小时，上班的时候造反，离下班还有两小时就结束了，连捞点加班费的机会都没有。

陈叔陵真是太没脑子了，什么情况下都敢造反，这么逊的人竟然深受陈顼的器重和喜欢，可见陈顼在位后期也是糊涂了，可见陈家确实是人才缺乏，后继无人，连长江天险都挡不住灭亡的步伐是在意料之中、情理之中的。

帝王时代，臣下若想造反夺权，至少得拥有军事实力或者强大的人脉支持这两个基本条件。而陈叔陵，除了一颗野蛮生长的权欲之心，啥都没有。自己不是军方首领，也缺乏军方大佬的支持，同时朝中也没有愿意跟他打天下、搏未来的大臣，真正的孤家寡人一个。这样的人政变造反，除了死外，不会有别的可能。所以，即使陈叔宝也是一个扶不起来的阿斗，陈叔陵也没有一丝当皇帝的机会。

第九章　陈叔宝的三大爱好

　　大家都知道，德云社郭德纲的相声现在很火，而郭德纲的相声搭档是于谦。听过郭德纲相声的人都知道一个非著名笑话，就是郭德纲调侃于谦有三大爱好：抽烟、喝酒、烫头。久而久之，全国人民都知道这么个相声梗了，舞台上，只要郭德纲一说于谦的三大爱好，底下观众就直接齐声喊出"抽烟、喝酒、烫头"三个词了。如果郭德纲跟陈叔宝配对说相声，想必他也一样能为陈叔宝总结出三大爱好。陈叔宝当皇帝的几年间，并没有多少心思花在黎民社稷身上，几乎所有的精力都花在了自己的三大爱好上：喝酒、写诗、玩美女。

　　说起喝酒、写诗这两个词语，大概很多人都会想起"李白斗酒诗百篇"的名句。在诗歌盛行的年代，就有"诗酒不分家"的说法。喝点小酒，作首小诗是很多古代诗人的标配：借问酒家何处有、东篱把酒黄昏后、会须一饮三百杯、醉卧沙场君莫笑……唐宋朝那些如雷贯耳的诗人词家，那些流芳千古的诗词名句，很多都是浸泡在浓浓的酒精中。

　　其实如果总结一下中国的古代诗词，可以说是酒浇、花堆、月照、愁煞出来的。想想看，那些辞藻纯美、意境幽远的诗词，是不是多数都和酒、花、月、愁有关？如果把酒、花、月、愁这四个字从中国古代诗词里全部删除，那么，无论婉约，无论豪放，无论山水田园，都将会失去魅力的灵魂。因此，可以推定，写诗的人，多半是好酒之人，会写诗的皇帝，当然也不例外，连刘邦那个大老粗，在一番痛饮之后，都能写出"大风起兮云飞扬"这样豪迈无边的好诗。

同为皇帝的陈叔宝，虽然在才略武功上远不及刘邦，但他的诗情和酒量却都比刘邦高出不少。身为皇帝，陈叔宝本应把重心放在治理天下、经营国家方面，但他却不务正业、不思进取，对处理国家大事不感兴趣，在喝酒、写诗方面却投入了大量的时间精力。他的皇帝生活特别丰富，特别开心，每天做的都是自己喜欢做的事——喝酒和写诗。

因为自己喜欢写诗，所以，陈叔宝重用了一批他认为诗写得很好的文人。当时他的身边围绕着一批作文写诗者。这种现象，说好听点，是志趣相投；说难听些，就是臭味相投。从陈叔宝这个亡国君主的所作所为看，这帮诗人的抱团，显然属于后者。因诗误国、因酒误国、因色误国是陈叔宝的人生"三误"，诗、酒是诱因，而跟他一起吟咏唱和的那些才思敏捷的诗人都是把陈帝国推向灭亡的罪魁祸首。

《资治通鉴》里这样描述那帮诗人："仆射江总虽为宰辅，不亲政务，日与都官尚书孔范、散骑常侍王瑳等文士十余人侍上游宴后庭，无复尊卑之序。"江总这个人名字叫老总，职务也是老总，高居宰相职位，还有担任都官尚书的孔范，职务相当于今天的司法部、公安部的负责人，王瑳是陈国的总顾问长，这些人虽身居要职，但跟皇帝陈叔宝一样，心思从来不在工作上，所有的时间都花在陪皇帝喝酒写诗上面。

十几个像他们这样的诗人，不分白天黑夜跟陈叔宝厮混在一起，在后宫游乐饮宴，日日笙歌不歇，夜夜酩酊大醉。这群专陪皇帝吃喝玩乐的诗人当时有一个称谓——狎客。狎客，就跟坐台的公关先生差不多，专供皇帝娱乐开心的。陈叔宝和他们在一起，整天喝呀，写呀，醉生梦死，相互之间没有什么皇帝、臣下之分，都是哥儿俩好、五魁手的酒桌好兄弟。

陈叔宝喝酒还有一个特点，喜欢玩文艺风，且饮且诗："上每饮酒，使诸妃、嫔及女学士与狎客共赋诗，互相赠答。"每次喝酒，陈叔宝都要喊来自己宠爱的妃嫔以及会写诗作对的女学士，跟一大群狎客同桌共坐，一边畅饮美酒，一边吟诗作赋。那些男诗人和后宫美女们互相赠送诗词，应酬唱和，宫廷文艺诗酒会搞出了男女青年相亲会的模式，其间那些红男绿女们难免以诗传意、眉目传情，搞些擦边球的小把戏。

但是陈叔宝不在意这些，他只在意一场酒会下来，是否有亮眼的诗作出现。一旦发现词句香艳、温婉多情的诗作，他立即叫人谱上曲子，命令宫女排练，轮流传唱，然后进行宫廷文艺汇演，边喝酒边欣赏，少不了又是一顿豪饮："君臣酬歌，自夕达旦，以此为常。"皇帝带着一大帮美女和一大帮男诗人，从头天傍晚开始喝酒听曲，一直兴奋地嗨到第二天天亮。

这种整夜无眠的玩法在南陈宫廷已成为一种常态。长期浸泡在诗酒之中的南国君臣，对国家大事完全失去了敏感和判断，以至于江对岸的隋国军队过三峡、渡长江，向南陈发起全面的灭国之战时，陈叔宝和他的那帮正端着酒杯的诗人臣下根本不相信这个事实，个个觉得这是天方夜谭。

　　陈叔宝醉醺醺地喷着酒气说："王气在此。齐兵三来，周师再来，无不摧败。彼何为者邪！"自陈霸先执掌南方大权以后，一直到陈顼主宰南陈，这段南方局势最为纷乱的十几年间，北方的齐、周两国总共对建康政权发起过五次大规模的军事用兵，但都以失败告终。屡次转危为安之后，陈叔宝觉得建康有天子之气罩身，隋国军队的结局还会和前几次一样大败而回。

　　陈叔宝甚至觉得北方皇帝杨坚有点脑子不够用：难道不知道天子之气一直常驻建康吗？兴师动众地来自讨没趣干什么！

　　有什么样的皇帝，就有什么样的大臣。孔范也酒气冲天地附和皇帝："长江天堑，自古以为限隔南北，今日虏军岂能飞度邪！"这位南陈朝廷高官除了诗和酒，对谁都瞧不起，信不过。他认为隋军南下的消息是那些边防军将领故意谎报军情的，目的是想挟战自重、邀功请赏，发战争财。在他看来，长江是一条天然的大深沟，自古以来就是隔绝南北的不可逾越分界线，隋国军队面对水阔浪高的长江，难道能飞过来不成！

　　领导层的态度决定了下属的思想走向。得知上面大领导对北方用兵的态度后，有的人为了投其所好拍马屁，便在当时战场上地位很重要的战马上做虚假文章，向朝廷谎报军情说，北方隋国的战马大批病死。马匹在今天早已失去了军事功能，但在那时候，战马数量常常能左右和决定一个国家的军事实力和一场战役的胜负成败。那些见风使舵者造谣隋国战马问题，无非是想以问题的严重性博取朝廷高官的好感。就好比现在打仗，侦察兵突然报告说，敌方的主战坦克全都趴窝了。这么重大的喜讯，指挥官能不高兴吗！没想到都官尚书孔范听到这个消息后，不但没有高兴的感觉，反而怒气冲天说："此是我马，何而为死！"

孔诗人特别惋惜那些死去的战马，他认为陈国将来会北渡长江灭亡隋国，那些战马全部都会变成陈国资产。为什么不好好照顾那些战马，让它们白白死亡了！这当然是典型的不自量力之言。如果读过本系列图书的前几本，就会发现，类似把敌方资产早早归入自己钱包的"名言"已经出现过几次了，最后的结果证明，叫嚣别人的所有东西都是他的那一方，都是不知天高地厚，以惨败收场。这一次也同样不例外。隋国那时候一派欣欣向荣，是中国封建社会政治、经济、军事发展的黄金时期之一，南陈小朝廷跟他们相比，差得何止十万八千里。

但热衷于喝花酒、写艳诗的陈国君臣们对当时的形势却浑然不知，他们觉得自己厉害得不行，至于北虏隋国，根本不在他们眼里。对于孔范的"他马是我马"理论，陈叔宝很赞同："帝笑以为然，故不为深备，奏伎、纵酒、赋诗不辍。"孔范的一番高论把皇帝陈叔宝逗得哈哈大笑，他认为孔范讲得非常在理，隋国军队根本无法渡过长江，所以对长江防线根本不做战斗戒备，每天仍然老样子，欢宴饮酒、吟诗作赋，好不快活！

陈叔宝做了皇帝后，就一头扎进酒缸中，少有清醒的时候。他这么好酒，酒量到底怎么样呢？关于陈叔宝的酒量，《南史》中曾有过一段详细的记载。南陈被隋国灭亡后，陈叔宝被俘虏到了隋都长安居住。隋文帝杨坚对这个被俘皇帝倒是不薄，让他享受三品官待遇，还处处小心照顾他的情绪，生怕伤了这个前皇帝的那颗敏感的心："每预宴，恐致伤心，为不奏吴音。"每次请陈叔宝参加宫廷宴会时，隋文帝特意给乐队打招呼，不要在宴会上演奏南方吴地风格的音乐，以免陈叔宝触景伤情。

这可比司马昭对待同样被俘的蜀汉皇帝刘禅文明多了。司马昭为了刺激刘禅，特意给乐队打招呼，一定要在刘禅参加的宫廷宴会上演奏蜀国音乐，末了还一脸坏笑地询问刘禅是否想念自己的蜀国故乡。刘禅的一句"此间乐，不思蜀"的神回复差点把司马昭刚喝下的一杯酒惊得吐到了袖子里。司马昭感觉自己已经相当不要脸了，没想到这个前皇帝不要脸的程度更是上了一个台阶。其实同样作为被俘皇帝，陈叔宝的不要脸指数跟刘禅比起来，也不差多少。他虽然没留下乐不思蜀那样的知名典故，但同样也留下了一箩筐令人鄙视、捧腹的笑话。在得到隋国的生活优待后，陈叔宝觉得还有美中不足的地方，便给抓他来洛阳的隋国皇帝杨坚打了一个要官报告："既无秩位，每预朝集，愿得一官号。"陈叔宝觉得自己经常参加朝廷宴会，但却没有一个明确的职务，很不方便社交，希望杨坚皇帝能授予他一个具体的官号，科长呀，主任呀，局长呀，什么都行，好歹给弄个帽子。

杨坚接到报告后，比司马昭更吃惊，我的天呐，还有这样不要脸的，没喝酒都能吐满一袖子。杨坚算是真正认识了陈叔宝，他感慨万端地给这位亡国君主下了一个定性："叔宝全无心肝。"从所作所为看，陈叔宝确实称得上是没心没肺，让人看不起。别人是曾经沧海难为水，他是曾经沧海可为口水，节操碎了一地。不过，对陈叔宝而言，节操不重要，喝酒才重要。他在当俘虏的日子里，每天都在喝酒，秀酒量。

当监视陈叔宝的官员向杨坚汇报"叔宝常耽醉，罕有醒时"的日常状态时，杨坚好奇地询问陈叔宝的酒量大小。监视官员回答说："与其子弟日饮一石。"杨坚又被惊到了一回。古代的容量单位由升、斗、石等构成。换算下来，一石大概相当于现在的一百二十斤。陈叔宝和他的子弟每天喝掉这么多酒，是杨坚万万没想到的。

不过那时候的酒，都是纯粮制作的发酵酒，不是现代意义上的白酒，酒精度数很低，基本都在十度以下，要不然就无法理解古诗中那些飘着酒香的诗篇。大诗人李白留下的诗词中，有两百多首含有"酒"字，"李白斗酒诗百篇""会须一饮三百杯"……动不动就是一斗、三百杯的，如果不是酒精浓度仅高于水的液体，谁能受得了？"绿蚁新焙酒，红泥小火炉，晚来天欲雪，能饮一杯无。"这首连不会喝酒的人读了都想喝个三五两的温暖唐诗，就很明显地带着古代作坊酿造低度水酒的特征。

"绿蚁"就是粮食酿造后未过滤完全的酒渣，跟今天许多人爱喝的甜酒酿制作程序差不多，这是低度水酒的重要特征，现代高纯度的蒸馏酒是不可能出现漂浮物的。要是来三百杯五十三度的茅台、六十五度的老白干，哪还能写诗，早酒精中毒醉死杯中了。陈叔宝所在的南北朝末期，成熟的高度烈酒，即现代意义上白酒还没有出现，到杨坚之后的唐朝才有了白酒，像四川的剑南春就是古代的白酒代表。因为酒的产地属于唐朝的剑南道，所以就叫剑南烧春。但剑南烧春只能算是烈性白酒的雏形，真正的烈酒到宋朝的时候才出现。幸亏陈叔宝那时候没有烈度酒，不然以陈叔宝的好酒程度，醉死酒桌也未可知。

杨坚见陈叔宝每天嗜酒无度，打算派人去节制他的饮酒数量，但转而一想又作罢了："任其性；不尔，何以过日。"杨坚还真是体贴陈叔宝，就让他以酒麻痹自己吧，不然他每天的日子怎么过呢？不知道这算是同情还是看不起。杨坚这个人在历史上的形象很正面，是个实打实的明君，勤政爱民，头脑清醒，但对于政敌，狠起来的时候也是杀气很足的。

他是从女婿宇文家夺来的天下，上台以后，为了巩固政权，杜绝后患，把宇文家族的几十号男性皇族全部杀光，丝毫不拖泥带水。同样是前朝皇族，而且还是真正君临天下的皇帝本尊，杨坚却自始至终都没有杀陈叔宝，甚至连除掉他的心都没有产生过，这在历史上也是非常少有的，陈叔宝所在的南朝，朝代多次更替，前朝皇帝没有一个不是死于非命，到末代陈家的最后一个皇帝，打破了这个血腥的魔咒，一直活到自然死亡。

这一方面是陈叔宝的幸运，另一方面应该也是杨坚的不屑吧，不屑于杀死他。在杨坚眼里，这个南国皇帝太渣了，怎么着也构不成对自己的威胁。既然如此，那就当作一个宣传典型养着吧，表明自己的宽仁，显示自己的自信。杨坚后来对陈叔宝的诗酒爱好是这样定性评价的："此败岂不由酒；将作诗功夫，何如思安时事。"他认为陈叔宝酗酒误国、写诗误国，如果把写诗的钻研功夫用到治理天下大事上，怎会如此轻易亡国呢。

杨坚所说是有真实依据的。当他派出的征南大将贺若弼率军渡过京口时，一线战报就送到了陈叔宝的办公桌上，但陈叔宝每天都在喝酒写诗昏睡，根本没看前方送过来的紧急文件，等到隋军占领南陈皇宫时，发现那份极为重要的机密情报还原封不动摆在办公桌上，连封皮都没有拆开。

事关国运的告急文书封头很多天都没有拆开，而酒坛子的封头却每天都有拆开。陈叔宝就是这样一个拎不清的人。我们已经知道他的酒量很大，那么，他写诗的水平又如何呢？

水平很高。可以这么说，提起陈后主的诗，最让后人耳熟能详的诗作便是《玉树后庭花》。其实不止如此，他还有许多流传广泛却又鲜为人知的诗作。很多人在生活中都说过的"此处不留爷，自有留爷处"的顺口溜诗，就是陈叔宝的原创，只不过原版诗作没有这么粗鲁，而是"此处不留人，自有留人处"。

而更让人想不到的是，这句现代职场被炒鱿鱼时的必说金句，其最初来源竟是情场，当然是陈叔宝的情场，是陈叔宝写给自己皇后的，诗名为《戏赠沈后》。沈皇后名叫沈婺华，是陈叔宝唯一的皇后。只是陈叔宝身边得宠的美女众多，对沈皇后，他并不上心，从来不在皇后那里留宿。

有一天，陈叔宝突然心血来潮，跑到沈皇后寝宫，跟皇后有一句没一句地聊天。聊了没一会儿他就想离开，见沈皇后并没有挽留自己的意思，陈叔宝便提笔写下了这首诗："留人不留人，不留人去也。此处不留人，自有留人处。"陈叔宝心里很失落，其他嫔妃见自己光临，个个都恨不得把自己绑在床上不让离开，没想到在沈皇后这里，自己说要走，皇后竟然连句挽留的客套话都没说。

沈皇后的不挽留，其实应该怪陈叔宝自己。他从来不在沈皇后那里过夜，都是去看一下即走，所以皇后是照例目送他急匆匆地离开，不可能出言叫他留下的。所以对于陈叔宝的这首诗，沈皇后一针见血地回复了一首："谁言不相忆，见罢倒成羞。情知不肯住，教遣若为留。"沈皇后毫不客气地说，明明是你自个儿根本不想留下，还倒打一耙，说我不留你，我能留得住你吗？沈皇后有自知之明，她说得很对，即便是开口乞求，也留不下心早已不在她身上的陈叔宝。陈叔宝只不过是在心情惬意的情况下，随手一写的调侃消遣文字而已。他绝对想不到，自己生活中一个随随便便的留言，会成为后世使用频率超高的一句俗语。

除了这首知名的阿Q式诗作外，还有一首著名的《春江花月夜》。《春江花月夜》这首诗，稍微有点文学常识的中国人都知道，那是唐朝张若虚的作品。张若虚的《春江花月夜》写得真是太唯美、太清丽、太磅礴了，文字、意境都美得不可思议。虽然张若虚一直籍籍无名，《全唐诗》仅收录了他的两首诗，但是《春江花月夜》被誉为"以孤篇压全唐"。一提起这首诗，大家的脑海里就会自然蹦出张若虚这个名字。

可是，少有人知道，《春江花月夜》作为诗名，最早的创作者竟然是陈后主陈叔宝，他是第一个写《春江花月夜》的诗人。至于内容写得怎么样，不知道，因为他写的原诗已经消失在历史的尘埃中，没有保存下来。另一个皇帝写的《春江花月夜》倒是完整保存下来了，那就是和陈叔宝同时代的隋炀帝杨广。杨广版的《春江花月夜》里有"暮江平不动，春花满正开。流波将月去，潮水带星来。"这样颇有韵味的句子。别看杨广是昏君，他的诗才还是有的。

这么算来，张若虚先生只能排第三了。但是，在这场三朝接力的同名诗赛中，张若虚后来居上，以神来之笔把一首本属艳诗的题材格调提升，写出了大唐宏阔万千的气象，写出了天地人生的深邃哲思，千年传颂，万古流芳。这是张若虚的功劳，也有陈叔宝的功劳，毕竟他是《春江花月夜》的源头，没有源，就没有流，当然也就没有张若虚的流芳一说了。对这首诗来说，陈叔宝是一个必不可少的引子，他要是不抛出那块砖，就引不出张若虚那块玉。

诗歌界类似的例子特别多。像大家同样万分熟悉的"一枝红杏出墙来"这句名诗，世人都只知道是叶绍翁的名作，却不知道原创却是大名鼎鼎的陆游陆放翁。陆游曾在《马上作》的诗中这样写道："杨柳不遮春色断，一枝红杏出墙头。"后来被叶绍翁看见了，觉得这个句子好，便来了个名副其实的拿来主义，把"一枝红杏出墙头"最后一个"头"字换成"来"字，改"头"没换面就原封不动地放到自己的《游园不值》中，结果被大家都知道了。这句"来头"不小的"一枝红杏出墙来"伴着叶绍翁的名字一起永垂不朽了，没几个人知道第一作者是陆先生。虽然形成这种原因主要是得益于后者的诗才，但在这个问题上，陆游的作用和陈叔宝一样，都起到了启蒙者、先行者的重要导引作用。

陈叔宝的诗跟陆游相比，那肯定是差太远了，不过在中国皇帝界，他的诗虽然比不上曹丕、李煜那样的皇帝大家，但从水平看，也能称得上是上等了。唯一的缺陷就是内容太娘，诗作内容多是宫体诗，全是宫里女人那些事儿。最著名的代表作是《玉树后庭花》：

"丽宇芳林对高阁，新装艳质本倾城。映户凝娇乍不进，出帷含态笑相迎。妖姬脸似花含露，玉树流光照后庭。花开花落不长久，落红满地归寂中。"

陈叔宝的《玉树后庭花》最大的标签是被后人称为"亡国之音"，歌声有毒，唱着唱着，国家就灭亡了。刘禹锡在他的诗中曾这样咏叹这首诗："台城六代竞豪华，结绮临春事最奢。万户千门成野草，只缘一曲后庭花。"在刘禹锡看来，陈叔宝沉迷于粉艳之色、灯红酒绿，一曲歌罢，兵败国亡。

比刘禹锡小三十岁的杜牧，在夜晚的秦淮河边听到歌女仍在深情吟唱两百多年前的《玉树后庭花》时，柔弱的虎躯猛然一震，沮丧万分地发出了"商女不知亡国恨，隔江犹唱后庭花"的郁闷呐喊。无论后来的老刘、小杜是怎样地痛心疾首，陈叔宝当时在写《玉树后庭花》时，那可是一直在兴奋地呐喊。

可不是嘛！那么多娇艳欲滴、如花似玉的妃子，在自己面前风情万种、顾盼生辉，满心渴望地等待他的召幸与垂怜。作为一个无色不欢的男人，陈叔宝怎能不神经亢奋呢。他整天都在脂粉堆里混，写出来的诗词自然涂上了一层厚厚的香脂之气。

比如"大妇避秋风，中妇夜床空。小妇初两髻，含娇新脸红"，比如"大妇西北楼，中妇南陌头。小妇初妆点，回眉对月钩"，比如"大妇主缱机，中妇裁春衣。小妇新妆冶，拂匣动琴徽"，这么多大中小妇，搞得好像"三八"节妇女聚会似的。再比如"鬓下珠胜月，窗前云带衣。红裙结未解，绿绮自难徽"，还有"谁家佳丽过淇上，翠钗绮袖波中漾"……每一首诗，都和女人有关。其实也不必奇怪，因为"玩美女"本来就是陈叔宝的人生三大爱好之一。

陈叔宝特别好色。不过男人多半好色，何况是男皇帝，即便是女皇帝武则天，在古稀之年也还宠幸着张易之和张昌宗一对小鲜肉兄弟。原因无他，就是他们拥有权力。如果把中国所有的皇帝私生活晒一晒，我们就会发现，不好色的皇帝几乎没有，有的皇帝即使患有性功能障碍，也仍然色心不改。

从人性和制度上来说，皇帝好色属于正常现象。只要把国家治理好了，当时和后世，都不会有人去揪住皇帝的这点私生活不放。秦始皇、刘邦、刘彻、李世民这些个一线皇帝，其实个个都好色。秦始皇每灭掉一个国家，就会把那个国家国王的后宫美女整建制运到自己的后宫；刘邦不但到处留种，还为了讨小女友戚夫人的欢心生出废掉太子的想法；刘彻更是公开宣称，自己可以饿三天不吃饭，但不能一天没有美女陪伴；而在民间口碑很好的唐太宗李世民，他的后宫团里其实还有自己美艳的弟媳妇。

然而，这些皇帝在后人眼里几乎没有好色的标签。究其原因，就是因为他们是事业成功的皇帝，他们好色的同时没有忘记自己身负治国理政的重任。但陈叔宝呢，他恰恰相反，他把好色当成了主业，将国家大事，将百姓万民完全抛诸脑后，这也是昏君的共同特征。

陈叔宝只当了七年皇帝，在短短的七年时间里，他就沦为了亡国之君。在位七年里，他除了一头扎进酒缸外，还一头扎进了后宫，沉浸在女人怀抱里不能自拔。前文说过，陈叔宝是有皇后的。皇后沈婺华也属于皇室，她的妈妈是陈霸先的女儿，两人说起来还是亲戚，在陈叔宝做太子的时候就成婚了，但陈叔宝对原配沈皇后没有兴趣，她的兴趣在其他年纪更小、容颜更漂亮的嫔妃身上。

陈叔宝的女人很多，短短几年里，光儿子就生了二十多个，后宫编制分为二十级，从地位最高的贵妃、贵嫔、贵姬到最低级的美人、才人、良人，随时供他挑选淫乐的美女成千上万。虽然皇帝后宫里佳丽无数，但很多美女终身都只是后宫团里的一个数字而已，一个男人，哪里应付得了那么多女人。

陈叔宝也是，他最宠爱的妃子有三个：张贵妃、龚贵嫔、孔贵嫔。

这三个人中，只有张贵妃留下了名字，其他两位不知道叫什么，只有一个姓氏。张贵妃跟汉光武帝刘秀的皇后同名，都叫丽华。只不过一个姓阳，一个姓张。张丽华是陈叔宝最宠爱的妃子，可以说是宠冠后宫。沈婺华虽说是皇后，但却有名无实，在后宫真正做主的是张丽华。

颇为戏剧性的是，陈叔宝最喜欢的张丽华，却是他曾经最喜欢的龚贵嫔身边的小丫鬟。张丽华家庭贫寒，父亲和哥哥靠编织草席为生。十岁那年，她来到后宫正当红的龚贵嫔身边做使唤丫头。龚贵嫔做梦也没想到，自己要来的这小不点儿，很快就取代了她后宫当红一姐的地位。

关于张丽华，《南史》和《陈书》《资治通鉴》都只是简单介绍，而且资料相互打架，有的说她爸是底层军人，有的说是卖草席的，但对她外貌的记载却高度一致，都说张丽华非常漂亮："特聪慧，有神采，进止闲华，容色端丽。"连魏征也在《隋书》里这样评论张丽华："张贵妃、孔贵嫔，并有国色，称为妖艳。"大唐宰相魏征觉得张丽华简直美到妖，跟《封神榜》里的苏妲己、《西游记》中的白骨精一个级别。

五官的美丽大家可以自己去想象，反正没有留下具体的影像资料，怎么漂亮怎么想，但史书上对于张丽华的头发却留下了具体的记载："贵妃发长七尺，其光可鉴。"好一头秀发呀！乌黑发亮到可以当镜子使用。不仅又黑又亮，还长发飘逸，长出了一个新高度：七尺长！那会儿的七尺虽说不是现在两米多，但换算一下，也超过一米七了。一个少女，光头发就一米七，那她的身高是多少？总不能天天走路时，头发拖在脚后跟吧？可见，张丽华的身高，即便是在今天，也能抵得上一个模特的身高了。这么高的女孩，大长腿是肯定的了，再加上长发如瀑，配以精致容颜，出众情商，不把败家皇帝陈叔宝迷得死去活来才怪呢。

张丽华本来在龚贵嫔那里端茶倒水搞卫生，里里外外工作都挺好，金牌家政的水平，龚贵嫔很喜欢这个乖巧伶俐的美丫头。没想到有人比她更喜欢。这个人当然就是猎艳高手陈叔宝。那时候陈叔宝还是太子，龚贵嫔那时候还是太子的良娣。"贵嫔"是皇帝的后宫名号。太子的女人，嫡妻叫太子妃，"良娣"是仅次于太子妃的高级侍妾。别看只是陪太子睡觉的，但级别很高，相当于开国公。

在唐朝的时候，良娣的待遇相当于正三品官，吏部尚书、兵部尚书这样的朝廷大员见到良娣也得行礼致意呢。还有比良娣级别低一点的"宝林"，反正过去皇家美女多，为美女量身定制的官号也多。

某一天，太子陈叔宝到龚良娣那里消遣，看到了小丫鬟张丽华，完全呆住了，简直惊为天人，马上据为己有："后主见而说之，因得幸，遂有娠。"按照今天的法律规定，不满十四周岁的女孩都叫幼女，和幼女发生性关系，是法律从重打击的犯罪行为。虽说在中国古代，很多十四周岁的女孩子都已经正经嫁人了，但像陈叔宝这样让十岁小女孩侍寝的，除了一些性变态分子外，极为少见。

十岁真是太小了，连生理期都还没到。这大概也是张丽华和陈叔宝在一起住了好几年后才生下第一个儿子陈深的原因。张丽华虽然年纪不大，但情商超群，特别会做人。既能讨皇帝欢心，又善于笼络身边其他人，因此所有人都喜欢她："善候人主颜色，引荐诸宫女；后宫咸德之，竞言其善。"张丽华有一项对女人来说是特殊的本领——从来不吃醋。

陈叔宝跟别的女人在一起，她不但不会不高兴，反而想陈叔宝之所想，根据他的欣赏情趣和口味，积极帮他物色对口宫女，然后把这些宫女推荐给他，让他尽享齐人之福。向自己的男人大量推荐别的女人，这种度量和胸怀少有女人能心甘情愿地做到。

皇宫里的女人，醋来醋往，钩心斗角，都巴不得皇帝只跟自己一夫一妻制，永远不碰别的女人才好。但张丽华却反其道而行，让陈叔宝觉得她是自己不可或缺的海选美女好帮手。而那些被张丽华引荐给陈叔宝的宫女，就更感激张丽华了。如果不是她的推送，自己可能连靠近皇帝的机会都没有，更甭说跟皇帝云雨温存了。倘若能中大奖怀孕，无论是公子还是公主，都是皇家血脉，自己就可以从此一步登天，脱离苦海了。所以，所有的后宫佳丽，都争相赞扬传颂张丽华的美德，对她感恩不已。

陈叔宝对张丽华推送来的美女，都照单全收。在尽情享受美色的同时，他对张丽华以及龚贵嫔、孔贵嫔这三个顶级美女也并没有冷落。至德二年（公元 584 年），为了更方便自己淫乐，陈叔宝在皇宫内大兴土木，建造了临春阁、结绮阁、望仙阁三座高阁。这三座豪华阁楼造价高昂，里面的装修、陈设奢华无比："各高数十丈，连延数十间。"

这里所说的"数十丈"不知道应该怎么理解。即使是按二十丈算，换算成今天的高度，也有五十多米，差不多十七层楼那么高。如果按照三十丈算，那就是二十六层楼高。这个高度很惊人。

那时候的建筑都是木头构建的，不像今天的钢筋混凝土，造那么高的建筑，物力、财力的支出是非常庞大的，而且还一溜造出几十间房子，完全是一个高层小区的规模。至于阁楼内部装修，更是华贵得让人瞠目结舌，所有的椽柱、窗户、门槛都是用名贵的沉香和檀香木制作而成，珠宝金玉铺陈其间，金碧辉煌、瑰丽万分。楼外堆石为山，引水为池，山水环绕阁楼，奇花异草点缀，宛如人间仙境。这还不算高级。最高级的是，临春、结绮、望仙三阁各自独立，又互相联通。三座建筑之间有双层专用廊道相连，自由畅通，想串门的时候，散个步就过去了，整个一南朝版的联体别墅。

陈叔宝可真会享受，他对豪华三阁进行了分配。自己住在临春阁，最喜欢的张贵妃住在结绮阁，龚贵嫔和孔贵嫔两人合住在望仙阁。这个高档楼阁小区有好几十间房，除了陈叔宝的三个最爱占据了三座主楼外，剩下的都没空着，里面挤满了陈叔宝钦点的美女：

"又有王、李二美人，张、薛二淑媛，袁昭仪、何婕妤、江修容。"这里的美人、淑媛、昭仪、婕妤、修容，都是陈叔宝后宫团美女的级别名称。"美人"属于级别很低的十八级，淑媛最高，属于四级，昭仪、婕妤、修容，级别也都一个比一个高，跟组长、股长、科长、处长、局长这些级别称呼一个意思。陈叔宝住在这个香飘飘的大花园里，每天与如花般的后宫美女喝酒作诗，一旦发现有他喜欢的诗作，他便命遴选出的一千多个美丽宫女"习而歌之"。这个庞大千人女团是陈叔宝专门成立的，主要任务就是将他们创作出来的诗作谱曲、演奏，然后在皇宫里公开演出，让皇帝享受极致声色之娱。

这么庞大的专业音乐女团，跟后来的唐玄宗"梨园歌舞团"很相像。唐玄宗也是为了声色感官刺激，带着她的小贵妃杨玉环整天在皇宫梨园里唱歌跳舞演戏，为了节目编排效果，也选了几百个音乐家，几百名宫女在梨园里排演、创作，这个唐朝皇帝还由此被奉为戏曲行当的祖师爷了。

其实，这两位喜好文艺的不同朝代皇帝，身上都具有相同的败家亡国气质。唐朝在贞观到开元年间的国家实力是非常强大的，就是从唐玄宗执政后期开始断崖式衰落的。因为皇帝李隆基一门心思地扑在美如天仙的贵妃身上、扑在梨园歌舞事业上，荒废了朝政。

陈叔宝也是一样，玩的都是亡国的路数。南陈建国不久，而且自建国后，各种大小战争基本就没停过，连年打仗，国力疲弱，民众亟须休养生息。陈叔宝但凡有点明君思想，就应该爱惜民力，关爱百姓，筑牢自己的执政根基，但他却鼠目寸光，为了追求个人享受，透支民力，盘剥百姓，完全是自掘坟墓。建造规模那么大的后宫高档住宅区，得花掉国库里多少钱！如果把这些钱拿出来用在军队建设上，花在改善民生上，他的结局一定不会是现在我们在历史上所看到的样子。

陈叔宝迷恋张丽华到了日夜不分的地步，对张丽华百依百顺，而张丽华并不算是一个简单、单纯的后宫女人，她是个很现实很世俗的女人，通过皇帝的宠爱操控皇帝本人，进而操控朝政，谋取自己想要的一切。陈叔宝对女人的兴趣远远大于对朝政的兴趣。全国各地每天都有大量的奏章送到皇宫，都是相对重大的事务，必须由皇帝作出最终决定。

陈叔宝一看到这些奏折就头大，太烦了，一个一个看，一件一件定，费脑子，费时间，他觉得自己每天跟张丽华缠绵玩乐的时间都不够用，还得处理这些杂七杂八的事情，太浪费人生了。为了更好更方便地和张丽华厮混在一起，陈叔宝来了个金蝉脱壳，把奏章处置权交给了蔡脱儿、李善度两名宦官，自己高兴的时候就和张丽华一起来看看奏章内容。注意，是和张丽华一起哦，而且还不是一般意义上的一起："置张贵妃于膝上，共决之。"本来应该是正经严肃处理国事的地方，被陈叔宝搞得跟红灯区似的。他甘当人肉沙发，把张丽华抱在怀里，让张丽华坐在自己的大腿上，两人同看奏章，然后征求她的处理意见，和她共同作出裁决。

张丽华利用这种机会干预朝政：她利用自己在重大朝政问题上的决断权，于朝廷内外到处收买眼线，把探听到的各种消息，或自己留用，或及时转告给陈叔宝，使得陈叔宝对她愈加信任。皇帝越是信任，张丽华的威望越是提高。朝廷许多官员见张丽华如此得宠，纷纷见风使舵，投靠到她的手下，请求她的关照，以期加官晋爵。想提拔升官，对张丽华来说是小事一桩。想要当什么官，说一声就行，但前提是必须送钱给她，拿钱买官。整个朝廷风气，被张丽华一帮人搞得乌烟瘴气："宦官近习，内外连结，援引宗戚，纵横不法，卖官鬻狱，货赂公行。"

几乎所有人都向张丽华靠拢，宫里的宦官，以及陈叔宝身边的侍从，都自愿充当张丽华的眼线。陈叔宝的任何事情，张丽华都能提前知道，连孔范这样的高官都主动凑到张丽华的身边。这些人勾结在一起，互相提拔、推荐自己的亲属朋友，干预法律，公开贿赂，出售官位。对少数正直无私，不愿和张丽华沆瀣一气的官员，张丽华就会在陈叔宝面前诋毁陷害，南陈朝政此时腐败到了极点。

对于这段历史，《南史》作者李延寿评价说："后主嗣业，实败于椒房。"蔡东藩的看法和李延寿一致："张丽华为江南尤物，与邺下之冯小怜相似，小怜亡齐，丽华亡陈，乃知尤物之贻祸国家，无古今中外一也。"这两大历史名家都严厉谴责了张丽华，认为张丽华是造成南陈亡国的罪魁祸首。这种将亡国原因归咎于后宫女人的观点，是中国古代史家的普遍认知。在他们看来"红颜祸水"是绝对的真理，一切都是女人的错。商朝亡，是因为妲己；西周灭，是因为褒姒；唐朝乱，是因为杨玉环……蔡东藩的观点就极具代表性。他言之凿凿地认为，北齐亡国，罪在玉体横陈的冯小怜；南陈亡国，是因为坐在后主大腿上的张丽华。

　　这种让女人背锅的定义特别荒唐可笑，忽视了主因和次因的关系。后宫女人乱政，最大的原因在于皇帝昏庸失察，给了女人可乘之机。如果皇帝清醒精明，哪会有后宫女人介入朝政的机会？宫里女人再当红，也只是皇帝的玩物和附属，只要皇帝不给她们提供祸乱的土壤，她们所有的不良心思都没有发芽破土的机会。历史上那么多皇帝都是妻妾无数，能从后宫影响前朝的女人有几个？

　　可见，这不是后宫女人的问题，而是皇帝本人的问题。陈叔宝作为皇帝，他身上存在的问题太多太多，都不能说他不是一个好皇帝，应该说根本就不该让他当皇帝。如果作为一个皇家王爷，平时玩玩花鸟，写写诗歌，打打酱油，喝喝花酒，跟女人眉目传情，暧昧厮混，尽情挥洒自己的三大爱好，安安静静地做陈家的一个花花公子，倒也无妨，但历史总是这么任性，偏要将他推向君王之位。而作为一国之君，陈叔宝才有不及，力有不逮，治国能力一塌糊涂，生生断送了大好河山。

第十章　昏君是这样炼成的

陈叔陵夺权事件之后，陈叔宝正式登基称帝。不过，他的登基之路有点曲折，差点为此命丧黄泉。在老爸的病床前，他被觊觎皇位已久的弟弟陈叔陵用切药刀猛砍脖颈，当场就昏死过去，要不是母亲和奶妈拼死护救，要不是另一个弟弟陈叔坚果断出手相助，他当时肯定是被陈叔陵杀死了。

陈叔宝虽然没有死，但身受重伤，躺在床上几个月起不来，一切朝政都委托给他的救命恩人陈叔坚处理。所以陈叔坚那时候权倾朝野，很是威风。只是好景不长，他忘记了自己的替身身份，把自己真当皇帝了，处事骄纵跋扈，唯己独尊，让病中的陈叔宝感到很没有安全感，便逐渐疏远了他，剥夺了他的权力，把他下放到江州担任刺史。

后来几年，由于感念陈叔坚在自己危难时候的营救之功，陈叔宝还是对他委以了重任。南陈灭亡后，陈叔坚作为皇室成员被迁离建康，身份也由高贵的郡王降为普通百姓，得靠自食其力才能生活。无奈他之前一直养尊处优，过的都是衣来伸手饭来张口的纨绔生活。突然这一切都没有了，叫他自己挣钱养活自己。这个啥都不会的前朝王爷整天就是喝酒，在酩酊大醉中怀念过往的繁华生活，最后实在活不下去了，去给人当雇工，挣点酒钱，这种生活的落差真是从天到地，太痛苦了。

不过，这种身份上、待遇上的变化，对任何一个朝代的末代皇室成员而言都是一样的。南陈皇室算是很幸运的了，遇到了中国历史上难得的明君杨坚。杨坚虽然对北周皇室进行了斩草除根式的屠杀，但在政权稳固之后，面对收入囊中的南陈皇室成员，他并没有继续举刀，而是任他们自由地生活。从这一点看，南陈皇室是幸运的，保持了陈姓家族的正常延续，其后的历史发展中，陈姓仍然出了不少对社会贡献较大的名人。

陈叔坚被踢出朝廷权力中枢之后，南陈出现了一个幕后女皇帝——柳敬言。柳敬言是陈叔宝的亲妈，只有她对儿子的江山没有觊觎之心。儿子伤重卧床，不能处理朝政，于是她便顶上去，替儿子行使皇帝权力，帮儿子决断一切。那段时间的南陈朝政，虽然名义上陈叔宝是皇帝，但朝廷所有的具体事务，都是柳皇后柳敬言在幕后安排决定的，直到陈叔宝身体真正痊愈，朝廷最高权力才真正交到他的手上。

柳敬言是真正的名门之后，大家如果翻下《萧齐沉浮》就会知道，书中提到的一个跟萧道成关系很好的大臣柳世隆，就是柳敬言的曾祖父。柳敬言的妈妈就更厉害了，她是梁武帝萧衍的女儿。舅舅则是梁元帝萧绎。侯景之乱后，萧绎为了拉拢陈霸先，把柳敬言嫁给了陈顼。瞧这一家子，跟好几个朝代的皇帝都是亲戚。柳氏是宋朝之前的一个著名大姓，"河东柳氏"说的就是柳敬言这个家族。像唐代大诗人柳宗元、大书法家柳公权都和柳敬言是同一系血脉。可惜，陈叔宝并没有继承他妈妈柳氏的优秀基因，也没有老爸陈顼那种成熟政客所具备的精明世故，他只是按照自己一团糟的思想和认识进行治国理政，所以没几年工夫，就把国家玩到了山穷水尽的地步。

自秦始皇以后，中国古代历史上产生过好几百个皇帝。根据这些皇帝在位时的实际表现大致可以划分为三种类型：一类是明君。如大家公认的汉文帝刘恒、唐太宗李世民、明太祖朱元璋等。还有一类谈不上是明君，但也不算是昏君。这个类型的皇帝人数最多，占整个皇帝群体的绝大部分，点名就没有必要了。最后一类当然是昏君。每个朝代都有昏君，像陈叔宝这样的就是典型的昏君。陈叔宝死后的谥号是"炀"。"炀"在谥法上的定义是："好内远礼曰炀，去礼远众曰炀，逆天虐民曰炀，好大殆政曰炀，薄情寡义曰炀，离德荒国曰炀。"这个谥号是所有谥号中最差的一个，包含着好色、无礼、暴虐、昏聩、缺德等最难听的贬义词。

在中国的皇帝界，只有四位皇帝死后被谥为"炀"。一位是大家熟知的隋炀帝杨广，也就是率军擒获陈叔宝的隋军元帅。一位是金国皇帝完颜亮，就是那个因为喜欢柳永词作中"三秋桂子，十里荷花"美妙风景而提兵攻打南宋的海陵王。还有一位跟陈叔宝同属一个时代，南齐皇帝萧宝卷。其实吧，把陈叔宝和杨广、完颜亮摆在一起批判，都不大合适。这两个人虽说荒淫残暴，但他们对中国历史是有着一定的贡献的。杨广挖通了南北大运河，完颜亮将"三省六部制"优化成了"一省六部制"，两人都在一定程度上推进了国家历史进程。但陈叔宝，却是一路发昏，脑子被酒精烧得就没醒过，干的那些事儿，全都是昏君必干的事。

昏君都喜欢干哪些事儿呢?

这个没有标准的统一答案。因为各种变态昏君都有,有的昏君干的事儿,只有大家想不到,没有他们干不到的。但如果将所有昏君的行为进行归纳总结一下,我们就会发现,好色无度、大兴土木、拒谏饰非、废立太子这几项,都是常态化一条龙套装内容。具体到陈叔宝,这四项,一项都不缺。

陈叔宝的好色,咱们在上一章已经说了,不仅后宫爆满,还毫无原则地专宠嫔妃,给张丽华的待遇胜过皇后。在他受伤养病的那些日子里,别的女人都不得靠近,只允许张丽华一人在他的病床前。为了张丽华和后宫美女,他大兴土木,不顾民众死活,在国家财政入不敷出的情况下,花巨资修建豪华楼阁。

除了前文所说的三大高阁之外,陈叔宝还斥巨资在京城建造七层佛塔。建塔的原因说出来也可以成为证明他昏庸的证据之一。当时杭州地区有一个湖叫临平湖。这个湖是一个淤塞干涸很久的死湖。对于临平湖,当地有一个传言:"此湖塞,天下乱;此湖开,天下平。"不知道什么时候把这个湖神话成了一个能预知天下大事的神湖,说临平湖在乱世的时候一定干涸,一旦湖水满盈,那就是天下要一统而平了。

据说东吴末年的时候,这个湖就满满当当的一湖清水。后来,孙家政权就被北边的西晋轻松 KO,全国实现天下一统。陈叔宝在位时,临平湖也突然变得湖水满溢,大家都觉得这是不祥之兆,是上天发出的亡国提示。陈叔宝得知这事后,心里发慌,觉得陈国可能要步当年吴国的后尘。因为两国的很多情况都很相像:都是南北对峙、都是北强南弱、都城都在建康、都是死湖突活……

这么一番对号入座后，陈叔宝特别厌恶此事，觉得自己应该设法化解风险。南朝的时候，佛教特别盛行，想必大家在前面的书里已经领教了萧衍在这方面的疯狂。陈叔宝也笃信佛教，他虔诚地向佛祖求救，希望佛祖拯救自己，保佑自己国运昌盛："乃自卖佛寺为奴以厌之。"为了表示真心实意，陈叔宝以一国之君的高贵身份，把自己贱卖给寺庙为奴，希望此举能化解鬼神的诅咒。

以前萧衍玩寺庙卖身的时候，朝中大臣数以亿计地出钱去庙里把他赎买回来。陈叔宝这个不知道是怎么个卖法？反正各种史书都没有说具体细节，估计也就是来那么个形式意思意思吧，要钱没有，大臣们也都是个个缺钱，没梁武帝时那么钱包鼓。为了表示自己的诚意，陈叔宝又大慷国家之慨，撒出大把金钱兴建大皇寺，又拨款建造高达七层的佛塔。七层佛塔由于消防工作没做好，还没有正式完工，就发生火灾烧毁了，白费了数不清的人力、物力、财力。

而就在陈叔宝造七层佛塔的同时，他所害怕的隋国也在进行"五牙"高大工程的建设："上起楼五层，高百余尺。"不过人家这个"五牙"是战舰的名字。"五牙"号战舰甲板上建有五层楼，二十多米高，能装载八百名战士，舰上配有六根巨型捣竿，每个捣竿长十几米，若是六竿齐发，只要捣砸几下，临春阁、结绮阁、望仙阁就会轰然倒塌的。一个皇帝是昏是明，从这个国家的重点工程建设项目上就能一眼看出，无须第二眼。

也是在陈叔宝大造七层佛塔的同一时间，隋国晋州（今山西省临汾市）刺史皇甫绩向隋文帝杨坚分析了隋灭陈的三大充分理由，其中一条重要理由是"以有道伐无道"，意思就是以圣贤之君讨伐无道昏君的意思。黄甫绩一针见血地指出，陈叔宝是无道昏君。

皇甫绩说得一点没错。陈叔宝在位期间，确实说了许多混话，做了很多昏事，甚至把私情凌驾于国家之上，为了讨得美人张丽华的欢心，还干了废立太子的大事。在历朝历代，太子一经产生，非特殊情况，一般不随意变动改立。这是几千年中国帝王时代的一种惯例。笔者曾在另一本写唐朝历史的书中提出过一个这样的观点："皇帝虽然权力很大，但在对'一男一女'问题的处理上总是非常头疼，并不能完全做主。"

这"一男一女"问题，指的就是太子和皇后的废立问题。在很多人的眼里，皇帝贵为天下之君，拥有统治领域内的一切，想换哪个女人做皇后，想叫哪个儿子当太子，那不是随便一句话的事情吗？完全不是那么回事。太子是国之储君，皇后是一国之母，背后牵涉到的各方因素太多太复杂，所以，这"一男一女"一旦确立，如果没有出现重大错误，有大局观的皇帝是不会改来换去的，容易出事。像刘邦、李世民、朱元璋这样的狠角色，都不敢轻易更换太子。

前文提到的和张丽华同名的阴丽华，她是东汉光武帝刘秀一生最爱的女人，但刘秀也是在天下大定后，才敢遵从自己的内心，让阴丽华取代了郭圣通的皇后之位，这时候，距东汉建国已经十七年了。也就是说，一代雄主刘秀在当皇帝十七年后，才敢追求自己最真实的爱情对象。即使刘秀在有生之年对前皇后郭圣通及其家族都优待有加，但他仍被后世唾骂，说他容得下天下，却容不下一个女人。由此可见，皇后和太子的废立实在是太敏感了，正常的皇帝，一般不是特殊情况，不烦废立之神，即使实在需要更立，也顶多一次而已。只有那些昏糊的皇帝，才会随意行使废立之权。

一国之君，如果实在不讲道理，一门心思地我行我素，那真是天王老子都挡不住他的。人不要脸，天下无敌。他不怕史官记录，不怕朝臣议论，不怕国家倾覆，不怕遗臭万年，那真是谁也拿他没办法。陈叔宝是个文人皇帝，主观上他还没有到上面所说的那"四个不怕"的皇帝境界，但他的所作所为，客观上是奔着那个目标去的。他作为一个蕞尔小国之君，才当了几年皇帝，就把废立太子、废立皇后这两大棘手问题做了个遍。当然，废掉沈皇后，立张丽华为皇后的事最终没有办成，那是因为他在位时间实在太短促了，还没来得及实施行动，就被杨坚灭国俘虏了。但是废立太子，却实实在在做成了。

本来陈叔宝的太子是陈胤。陈胤是陈叔宝在太建五年（公元573年）和一个孙姓姬妾生的。孙姬很悲惨，因为难产，生完孩子就死了。那时候陈叔宝是太子，沈婺华是太子妃。陈胤是陈叔宝的第一个儿子。当时陈叔宝已经二十周岁，依然没有可以当接班人的儿子。这是个大问题。太子妃沈婺华一直没生儿子，陈胤出生后，因为孙姬去世，沈婺华便将他收为养子。

陈顼一直盼望着长孙出现，见此情况，便将陈胤立为嫡孙，天然的皇帝继承人。陈胤算是一个好孩子，聪明好学，对佛经有研究，诗文上也有特长，没什么不良嗜好，更没有南朝皇室子弟身上普遍存在的纨绔缺点，好好培养，未来当一个守成之君没毛病。但陈叔宝和张丽华生下儿子陈深后，陈叔宝便爱屋及乌，偏爱起陈深，开始对陈胤横挑鼻子竖挑眼。最终在祯明二年（公元588年），南陈灭亡的前一年，废黜陈胤的太子之位，立陈深为太子。

　　对于无端废立太子，不少大臣表示反对，认为太子乃国家根本，非有大恶不能废黜。但陈叔宝丝毫听不进去，他只听张丽华、孔贵嫔以及孔范等人对陈胤的诬陷之词。陈叔宝的父亲陈顼做了十几年皇帝，儿子有三十多个，也没有生出过更换太子的想法，而陈叔宝在国运如此衰弱的情况下，不精心尽力治国养军，却热衷于在内宫忙碌，还在太子没有过错的情况下，以个人偏好作为废立太子的标准，真的是太昏庸了。按照他的这个思路，他要是再做个十年皇帝，等张丽华年老色衰，他又迷恋上刘丽华、吴丽华时，保不准还要为讨丽华们的欢心再次改立太子。

　　历史上昏君都有一个共同特点，那就是听不见忠臣的意见，所谓忠言逆耳是也。昏君只喜欢听歌颂的、赞美的话语，你要是提个意见、说个不好，那就是踩到雷了，炸得遍体鳞伤那还算是幸运的，毕竟还留下了性命，很多人因为给皇上进谏提意见，被皇帝下令直接处死了。这种事打商朝那会儿就有了，南陈皇帝陈叔宝所在的小朝廷，也发生了好几起朝臣因谏而死的恶劣案例。

　　南陈秘书监、右卫将军傅縡即是死于进谏。秘书监可不是我们现在意义上的办公室秘书，其相当于当时南陈的国家图书馆馆长。傅縡是一位跟随陈叔宝多年的老干部了，他在陈叔宝还是太子时，就在东宫服务了。这人很有才气，不仅文章写得典雅华丽，而且起草各类军旅律令，也是无须构思，下笔成章，但他生性高傲，不愿意阿附当时朝中最当红的权臣施文庆、沈客卿等人。施、沈两人便视其为眼中钉，决定一起诬告傅縡。

　　其时高丽国（即今天的朝鲜半岛）使节来建康进行外交拜访。当时各国使节进行外交访问是很频繁的，像今天的泰国、缅甸、日本等国，都经常派人来访问，送些大象、狮子、鹦鹉、玉石等这边感觉新鲜的玩意儿。杨坚的隋国虽然那时候已经把南陈摆上了攻打国名单，但表面上还是会和和气气地派人到江南进行国事访问的，陈叔宝也常派人去长安回访。

高丽国使节属于常客，他们来的时候肯定不会空手的，会有礼物相赠。施文庆、沈客卿便在这礼物上做起了文章。他们等高丽使节离开建康后，无法当面对质了，才去向陈叔宝控告傅縡接受了高丽使节的黄金贿赂。施文庆、沈客卿，还有孔范、江总这些人，都是品行低劣的小人，但陈叔宝就是喜欢小人。要不是喜欢一大帮小人，怎么可能那么快就亡国呢？对天天围绕在自己身边，日夜无休陪自己吃喝玩乐又写诗的那些小人，陈叔宝向来是言听计从，这也是施、沈二人敢随意陷害傅縡的原因。果然，陈叔宝听两人这么说，立即下令将傅縡逮捕下狱。

傅縡无罪而入狱，既气愤又失望。气愤的是自己好端端遭到诬告，失望的是皇帝黑白不分，偏听偏信。于是他在狱中写了一份奏章，在奏章中，他没有给自己申辩，而是以忧国忧民、国将不国的心态，把皇帝陈叔宝狠狠批评了一顿，而且用词激烈，句句刺心。如果把这份奏章的核心内容总结一下，大概是从三个方面对陈叔宝开火猛批：

生活方面，傅縡直抒胸臆："陛下顷来酒色过度。"

工作方面，那更是把皇帝说得脸红心跳："小人在侧，宦竖弄权，恶忠直若仇雠，视生民如草芥。"

最重要的国家治理方面，傅縡更是给自己的老领导打出了负分："百姓流离，僵尸蔽野，货贿公行，神怒民怨，众叛亲离。"

奏章结尾，傅縡简直是扔出了一颗烈性炸弹："臣恐东南王气自斯而尽。"

最后这句话，对皇帝而言，跟挖了他家祖坟没什么区别。建康一直是东南王气所在地，到陈国的时候，这里已经有东吴、东晋和宋、齐、梁、陈六个朝代建都于此，南京市"六朝古都"的美誉就是这么来的。每一个皇帝，都特别看重自己都城的王气，王气盛代表着国家蓬勃兴旺，王气衰则预示着改朝换代。刘禹锡的那首"王濬楼船下益州，金陵王气黯然收"的古诗，写的就是陈叔宝所在的都城建康。陈叔宝觉得自己王气正盛，认为傅縡是恶毒诅咒他亡国灭家。

其实傅縡看得真准，建康王气果然在两年后就消失殆尽。他奏章中说的都是实话。陈叔宝失去了作为一个皇帝的最基本素质，亲小人，远贤臣，把忠直大臣看成仇寇，把百姓生命视同野草。后宫美女衣冠锦绣，马厩里马儿吃剩下的粮食撒得到处都是，而天下民众却缺衣少食，无家可归，路上遍地都是饿死的尸体，说天怒人怨，众叛亲离，对当时的南陈朝廷来说，真的一点都不夸张。傅縡点中了南陈的政治死穴，他在狱中奋笔疾呼，给皇帝大泼冷水，希望他清醒起来，迷途知返，重振朝纲。但他的愿望没有实现。

陈叔宝看到傅縡的奏折后，气得暴跳如雷，想立即对他进行报复性惩罚，但过了不久，念及他是过去东宫老班底成员，陈叔宝还是想放了他，便派人到监狱对傅縡说："我欲赦卿，卿能改过不？"陈叔宝这是想给自己找个台阶下，意思是叫傅縡主动向他认个错，深刻检讨下自己所犯的对领导不敬的错误，承诺以后不再犯，不再讲皇帝好色无道、王气尽失这种皇帝最不爱听的话。

陈叔宝觉得，这事挺简单，当事人也不需要付出什么，只要点头答应就成了。没想到傅縡对这个实操性非常简单的要求予以严词拒绝："臣心如面。臣面可改，则臣心可改。"傅縡的骨头可真是硬，他认为自己是对的，完全不接受调解，拒绝道歉认错。面对皇帝的暗示，傅縡不仅拒绝，还强硬地叫来人捎话回去说，我的心就跟我的脸一样，如果脸部相貌能改变的话，那我的心就能改变！言下之意很明白：我心依旧，我不认错。

这下陈叔宝被彻底激怒了，他决定把这个批评自己的大胆者处死，特地派心腹宦官李善庆去督办这件案子。李善庆当然会十分准确地体会皇帝的意图，在狱中逼迫傅縡自杀。

傅縡死得很冤，他只是因为说了真话，说了陈叔宝不爱听的话，就死于非命。不过，在昏庸政治下，这种不该死的死了，该死的却怎么也死不了的情况很是普遍。陈叔宝时代，像傅縡这样死于直言进谏的朝臣不止一个。

太市令章华也是一个。

"令"是很小的官职，相当于现在的县处级干部。这种级别在高干密集，甩一砖头都能砸到好几个尚书、仆射的南陈朝廷，真是卑微得不能再卑微了。章华虽然官职很小，但却有着强烈的忧国忧民情怀。他见朝廷奸佞当道，小人横行，忍不住向皇帝上疏直谏。章华的奏折主要内容和傅縡的差不多，但立意比傅縡高。他在直谏奏折里对南陈的前三任皇帝陈霸先、陈蒨、陈顼的功绩进行了一一点评。说高祖陈霸先英雄盖世，南方平定百越叛乱，北方诛杀反贼侯景；世祖陈蒨也胸藏乾坤，东边削平了太湖钱塘江流域的杜龛，西边将长江沿线悍贼王琳打得逃到了黄河以北；高宗皇帝陈顼一举荡平淮南之地，为朝廷开辟了一千多里疆土。

章华像班主任给学生写评语一样，把陈叔宝之前三位皇帝的功绩优点一条一条地列出来，并进行了一番表扬点评，目的很明确，为给现任皇帝提供参照物，主要作用就是反衬对比陈叔宝跟他们差太远了。作为臣下，敢这么跟皇帝说话，这胆子可真够肥的，勇气了得。

章华的奏折言辞很重，句句直戳陈叔宝的心窝，批评他耽于酒色，荒废朝政，不知道先祖创业艰难，只知道吃喝玩乐宠信奸臣。在沉迷女色的问题上，章华对陈叔宝骂出了新高度，直接批评他"祠七庙而不出，拜三妃而临轩"，就是说他好色忘本，连祖先都不要了。陈叔宝的很多行为确实是不讲政治，每次对皇家祖庙进行祭祀时，他总是说自己身体不舒服，今天说脑袋瓜子涨，明天说胳膊两腿麻，总之就是不想出席祖庙的祭祀活动，而对于张丽华和龚贵嫔、孔贵嫔的晋封仪式，却兴致盎然亲自策划，一场不落地参加。

这不单是娶了媳妇，忘了娘的问题，而是忘了国家根本的问题。在提倡以孝立国、以德治国的古代帝制时期，不祭祖宗是最大的忘本，稍微有点政治意识的皇帝都不愿在这个问题上让人说闲话，而且，祖庙祭祀不断是政权持续存在的象征，只有改朝换代，国家灭亡，皇帝家的祖庙才会被拆除，香火断绝。所以，陈叔宝在国家存续期间就弃祖庙祭祀而不顾的行为，让忠君爱国的章华忧心如焚，又义愤填膺。他不顾一切地在奏折里对着朝廷最高领导高声疾呼："今疆场日蹙，隋军压境，陛下如不改弦易张，臣见麋鹿复游于姑苏矣！"

这是一种近乎绝望的呐喊和警告，说现在帝国的疆域面积在一天天地缩小，江北的隋帝国大军已经虎视眈眈地紧压边境，陛下如果不马上对朝政进行颠覆式的大改变，我可以预言，不久之后，麋鹿将在姑苏江南悠闲地遨游！"麋鹿"即民间流传度很广的"四不像"，因它的脸像马、角像鹿、尾像驴、脖颈像骆驼而得名。这是一种和大熊猫一样珍稀的国宝级动物，目前全国仅有几千只。

这种鹿曾一度在中国灭绝近一百年，直到20世纪80年代才恢复人工饲养繁殖，不过在南朝的时候，麋鹿虽然没有汉朝之前那么漫山遍野了，但还是到处都能看到，是北方大地上的代表性动物。麋鹿因为春秋时期伍子胥的一句喟然长叹而变成了一个具有特定象征意义的词语。当年吴王夫差没有识破被他俘虏的越王勾践的卧薪尝胆长远计划，拒绝伍子胥杀死勾践和不要到处挑起战争损耗国力的建议，听信谗言赐死伍子胥。伍子胥在痛苦绝望之下发出了一声回响千年的沉重叹息："臣今见麋鹿游姑苏之台也。"

姑苏台位于今天江苏省苏州市姑苏山上，吴王夫差在山上建有宏大华丽的宫殿群，夫差成天搂着勾践贡送的美女西施在宫殿里寻欢作乐。伍子胥见夫差执迷不悟，不听劝谏，知道吴国必亡，北方的麋鹿必将会出现在姑苏台的高大宫阙之间，姑苏台会成为麋鹿出没的荒凉废墟。一个国家最豪华的中心建筑变成了野生动物的栖息天堂，很显然，是这个国家灭亡了，不然怎么会皇宫变动物园呢？

李白的"吴宫花草埋幽径"诗句讲的就是这个意境。不过此吴非彼吴。李白看到的这个吴宫是三国时东吴的宫殿。当年宫殿里美女笑靥如花，楼阁林立，而今却荒草丛生，曲径通幽。人面桃花，雨打风吹去。

伍子胥死后，"麋鹿游"便成了一个暗有所指的词组，专指国家沦亡，繁华之所变为荒凉废墟的景象。后来的诗人在怀古凭吊大发感慨之时，都喜欢运用这个麋鹿典故。李白的"姑苏成蔓草，麋鹿空悲吟"，柳永的"繁华处，悄无睹，惟闻麋鹿呦呦"等脍炙人口作品的用典，皆取自于此。

章华奏折里的用典当然也是来于此，他觉得长此以往，国之将亡，陈国巍峨壮丽的皇宫也终将会成为麋鹿悠游的场所。奏折里的字里行间，流淌着一种"位卑未敢忘忧国"的忠赤情怀。他原以为，这个措辞激烈的奏折会让皇帝幡然醒悟，从此专心政务，励精图治。但现实却很残酷，陈叔宝看完奏折后，再次气得暴跳如雷，当即下令将章华斩首。

当一个皇帝听不进批评意见的时候，这个皇帝所领导的国家就已经踏上了覆亡的危险之路，而当一个皇帝开始诛杀进谏朝臣的时候，毫无疑问，这个国家注定是要灭亡了。这是历史的规律。陈叔宝所领导的南陈国，当时的朝廷腐败透顶，大小官员全都中饱私囊，一心为己，可以说是"老虎众多、苍蝇扑面"，这些老虎、苍蝇都围在陈叔宝的身边，颠倒黑白，胡作非为，一切事情都顺着皇帝陈叔宝的意思来。皇帝喜欢什么，他们就做什么；皇帝讨厌什么，他们就屏蔽什么，坚决不让皇帝接触到负面信息。陈叔宝最讨厌听到自己的过失，最反感别人给他提意见。关于这个特点，《资治通鉴》里有明确记载："上恶闻过失。"

既然帝国最高领导不喜欢听到别人说他和国家的缺点，那就彻底封锁这类消息。都官尚书孔范、中书舍人施文庆等一帮人为此是煞费苦心。孔范为了更好地弄权，还讨好地跟孔贵嫔结拜为兄妹，以此拉近和皇帝的关系。

在昏庸无能的陈叔宝面前，他的文才特长得到了充分的发挥："每有恶事，孔范必曲为文饰，称扬赞美。"这是一个南朝的文妖，颠倒黑白的能力尤其出众。一旦发生了重大的恶性事件，他总是用尽心机地加以曲解和掩盖，把悲剧宣传成喜剧，把本应严厉谴责追责的行为演化为应该褒奖赞美的行为。

假如一个朝臣在公款吃喝的时候，饮酒过量醉死了。这事本来应该遭到朝廷立案调查的，但孔范可以凭借如花之笔使事情反转。他的事件调查报告可以撇开关键的公款吃喝，将醉死者宣传成工作需要，加班陪客因疲劳过度倒在工作岗位上。这样一来，皇帝高兴，呀，原来我的朝廷里还有这样为国操劳的良臣呀，奖！死者家属更高兴，本来应该背个处分，没想到还得到个奖励，谢了。

为了堵住朝臣的进谏之路，不给皇帝添堵，让皇帝听到的、看到的永远是莺歌燕舞、一派大好的形势，孔范还利用权力公开打压谏臣："群臣有谏者，辄以罪斥之。"官员中如果有人向皇帝上疏批评朝政，孔范就随意罗织一个罪名扣在他们头上，然后将他们贬谪出朝廷。

陈叔宝放任臣下肆意弄权，拒绝批评意见，对谏臣举起屠刀，这些行为是典型的末世昏君的疯狂行为。一个皇帝，被臣下蒙住了眼睛、堵塞了耳朵，变成了瞎子聋子，怎么可能会有好的下场？亡国丧家自是在所难免。就在他斩首章华三个月之后，北方的杨坚就下诏通告天下，发起了灭陈之战。这个诏书相当于檄文，里面详尽列举了陈叔宝的种种罪恶，虽说文本是出自敌方之手，内中存在着一些故意夸大渲染之词，但整体上是真实可信的，其中多处提到了陈叔宝压制批评、拒谏杀人的语句，说陈叔宝"斩直言之客，灭无罪之家"，说陈国因为言论高压管制，国内一片恐怖气氛，导致"衣冠钳口，道路以目"。

杨坚把陈叔宝斩杀直言批评朝政的大臣作为他昏庸失道的证据之一。就凭这一点，同样作为一国之君，杨坚的执政格局和思想高度就不知道甩出陈叔宝几条街了。杨坚并不是那种言行不一的皇帝，在接受臣下进谏这个问题上，他是有足够资格鄙视和嘲笑陈叔宝的。虽然杨坚已经算是少有的明君，但在执政期间，他依然会有短暂发昏的时候，也同样会有大臣向他进谏，有时候提意见的大臣态度还很激烈。对待谏臣，杨坚的态度和度量，陈叔宝连望其项背的资格都没有，因为众多事实证明，这两个皇帝之间的差距实在是太大了。

杨坚对待朝中给自己提建议的大臣，从来不给小鞋穿，不搞打击报复，不当把头埋进沙子的鸵鸟，而是开门听谏，只要提得有道理，他都会接受。有时候还花钱买建议，遇到一个好的建议，他还大手笔奖励提建议者。

度支尚书苏威有一次因为提意见跟杨坚闹得很僵，两人在现场互不相让，差点动起手来。杨坚因为心里特别痛恨一个大臣，就想公报私仇，抓住那个大臣的一点小错误不断放大，想趁机把那个人给杀了，以解自己心头之恨。苏威知道这件事后，觉得这个大臣罪不至死，不应处斩，便去找杨坚理论。杨坚气还没消呢，苏威的劝说如同火上浇油，更激起了他的怒气，为了表明自己必杀此人的决心，杨坚把正在滔滔不绝劝说的苏威丢在一边，快步奔向室外，打算亲自动手杀了那个人。

苏威一看杨坚要走，马上跑到他的面前挡住他，不让他离开。杨坚见苏威挡在前面，退后一步，打算绕开他出门。苏威侧身移位，身体又死死地堵在他的前面。杨坚再绕，苏威再堵……两个人跟玩老鹰抓小鸡似的，杨坚见实在出不去，气得一摔袍袖，原地后转，回宫去了。

过了好一会儿，杨坚在皇宫内召见苏威。苏威在路上早想好了道歉之词，打算以此给和自己争执中落败的皇帝找个台阶下。没想到刚一见面，杨坚就向他道歉，说自己刚才太冲动了，态度不好，幸亏他坚持己见，阻止了自己的滥杀行为。面对着一脸错愕的苏威，杨坚感激地对他说："公能若是，吾无忧矣。"杨坚见苏威如此坚持原则，不畏权力，感觉捡到了一个宝，你能这样秉公办事，从此以后，我再也不用担心了。为了表示对苏威这种行为的褒扬，杨坚奖励了苏威马两匹，钱十几万。

相对于陈叔宝，杨坚知错即改，干脆直接。不像陈叔宝，扭扭捏捏。明明觉得傅縡的所作所为有道理，想无罪释放却又抹不下皇帝高高在上的面子，偏要人家低头说软话才肯赦免，没承想遇到个不服软的，生生把一个良臣害死了。杨坚的虚心纳谏确实是发自真心，不是属于那种偶尔做表面文章的。关于他这方面的事迹，史书上能找到很多。

有一次，宫里一名禁卫军军官因为犯了一个小错，惹恼了皇帝杨坚。杨坚抓住那名军官，就在金銮宝殿上当着众大臣的面，用竹板拷打，"啪啪啪啪"的击打声听得旁边大臣心惊肉跳。面对盛怒的皇帝，大臣们都不敢吱声，害怕招来麻烦。这时候，谏议大夫刘行本出现了。谏议大夫就是专门给朝廷提意见的。大家特别熟悉的唐朝宰相魏征就曾担任过这一职务。魏征当年进谏那叫一个厉害，为了一件事情，能抓住皇帝李世民的龙袍不让他进宫休息，然后嘚吧嘚吧对着李世民一通猛讲，经常是口水都喷到了李世民脸上。即使这样，李世民也没把魏征怎么样，对他的建议基本是照单全收。可见，隋唐盛世的存在并非没有原因。

刘行本虽然比不上后来的魏征，但他在杨坚面前，也是无惧无畏，尽职履责。见皇帝的行为有些过分了，刘行本上前劝解，说这个人平时一向很清廉，这次所犯的过失又小，应该予以宽恕，以观后效。杨坚正在气头上，根本不搭理他，继续抢着竹鞭击打。杨坚的轻蔑把刘行本惹火了，他冲到杨坚面前，挡在杨坚和那个军官之间，大声质问杨坚："陛下不以臣不肖，置臣左右，臣言若是，陛下安得不听；若非，当致之于理。岂得轻臣而不顾也。"

刘行本的口气从头到尾都是质问，翻译出来绝对是义正词严。陛下既然信任我，把我安置在身边进谏，那我的建议如果是正确的，你怎么可以不听？如果我的话有错误，陛下可以对我进行处罚，但你不能看不起我，对我理都不理！刘行本觉得，皇帝把他当成不存在的空气，是从心里蔑视他的工作。既然你觉得可有可无，那就此别过，我不干了。他当场就要撂挑子，把上朝的笏板放到地上，转身就要走人。

杨坚急了，一把拽住他，脸上马上阴转多云，满脸堆笑地向刘行本道歉说，你说得有道理，是我过激了，随后立即原谅了那个禁卫军官。杨坚这接受建议的态度，名副其实的立行立改。

对这样的谏官和皇帝之间的碰撞故事，我们的思维似乎已经形成了一种惯性，那就是称颂皇帝的胸怀博大，海纳百川。其实这是双方的。皇帝愿认错当然是值得赞颂，但是，臣下敢争谏更值得赞美，因为双方处于权力极不对等地位，争谏一方的风险很高，傅縡和章华就是活生生、血淋淋的例子。所以，对苏威、刘行本这样敢于死谏的朝臣，更应该保持足够的敬意。古代官场上的这种上下级之间的谏与被谏的风气，是值得当代人学习的。

说起杨坚的听谏，最具爆炸性的建议应该是一个叫高德的洛阳男子提出的。隋开皇四年（公元584年），就是陈叔宝为三位宠妃建筑临春、结绮、望仙三阁的那一年，隋国男子高德向皇帝杨坚上书，建议杨坚主动退位当太上皇，把皇位让给太子杨勇。这位一看名字就让人想起地图导航的古代男人，还真是挺喜欢给别人导航人生的。不知道这个人提这条建议的目的是什么，史书上没有对此作出权威解释。杨坚当年四十三岁，登基称帝也才四年，怎么可能让出皇位？

劝皇帝让出帝国最高领导权，这事太骇人听闻了，属于找死的节奏。要是搁陈叔宝身上，这个提建议的人一定会死得很惨。杨坚看到这个上书后，并没有找高德算账，还给他回了信，心平气和地告诉他说，你的这个建议，我不能接受。因为国家需要我。我承受天命，抚育天下百姓，每天从早到晚忙个不停，仍担心国家治理不好，哪能这么早就把皇位交给儿子，自己去清净享乐呢。

把当皇帝看成是一种操劳、一种奉献、一种为了实现理想而自讨苦吃的职业，显然是杨坚的托词。不过杨坚不分白天黑夜处理国事，长期当加班狗倒是真的，他是历史上最勤快的皇帝之一，每天工作起来不分上下班和休息日，经常工作到饭点了，就叫人送一些盒饭来吃完了事，没什么搞一大桌子排场，几个菜几个汤的那一说。靠着这种勤奋和负责，杨坚把大隋帝国带上了历史的顶峰。在他死后，他的继任者仅用了十三年就败光了所有，亡国改朝。所以杨坚不接受这个建议是正确的，在这之后，他又整整做了二十年皇帝，直到六十四岁那年被他的儿子杨广谋杀。

　　杨坚在这样大尺度的无理建议面前，能做到不暴怒、不报复，说明他是非常有格局、有胸怀的，他的做法和同时期的陈叔宝形成了鲜明对比，这也是一种昏和明的对比。曹操当年曾鄙视他所控制的汉献帝刘协，说他"生于深宫之中，长于妇人之手"。作为梁、陈、齐、周、隋五朝史书的监修官，魏征也曾在《陈书·后主本纪》中，以"后主生深宫之中，长妇人之手"这句话来评价陈叔宝，说他不知稼穑艰难，大兴淫奢，最终使自己沦为天下之笑。

　　后世所有的史家，在评价南陈后主陈叔宝时，都对他有着相同的定义：他有才、他昏庸。然而，于一个国家的皇帝而言，第一要务是治理国家的才能，是定国安邦的才能，不是琴棋书画的才能，不是诗词歌赋的才能。纵能写出"妖姬脸似花含露，玉树流光照后庭"，纵能写出"问君能有几多愁，恰似一江春水向东流"这样的传世名句，也不能避免成为反面教材的亡国昏君。

　　一个昏君的炼成，是有很多复杂原因的，但最终是否成为昏君，最重要的内因在于君王本人。陈叔宝一心向昏，是他短浅的目光、落伍的思维、残暴的意志、狭小的格局综合形成的。这样的人，即使拥有深邃的长江防线，也抵挡不住杨坚的滚滚铁骑。

第十一章　剑指江南

这一章的主角是挥兵南下灭掉南陈的隋文帝杨坚。

杨坚是一位伟大的皇帝，中国古代的皇帝，大大小小、前前后后总共有好几百个，能配得上"伟大"这两个字的，凤毛麟角，但杨坚肯定算一个。

杨坚和秦始皇、刘邦、赵匡胤这三位皇帝界大咖一样，在中国历史上具有重大的标杆意义。他们的最大功绩是将四分五裂的中国拢在了一起，实现了中华大一统。如果没有秦始皇，乱成一锅粥的战国时代还不知道要咕嘟咕嘟沸腾多少年，最后稀粥熬成了焦饭，甚至烧通了锅灶亦未可知；假如没有刘邦，秦始皇之前所有的改革创新成果可能都会化为泡影，郡县制会重新被分封制取代，春秋时期那种各家厮杀争霸的局面毫无疑问会再次重演；倘若没有赵匡胤，后周柴家皇室那对失去主心骨的孤儿寡母，怎么可能控制得住历经五代残酷纷杀的那些野性十足的各式土匪军阀？可以想象，黑暗分裂的五代模式将会变成难以预知的加长版；而杨坚，因为他的出现，南北方近三百年的分裂得以结束，从此，长江、黄河一家亲，中国再也没有出现过大规模、长时间的南北分治。

和偏安一隅，满足于花天酒地的陈叔宝不同，杨坚的政治志向宏阔远大，隋文帝杨坚建立隋朝后，就有吞并江南、统一中国之志。不过杨坚是一个成熟的政治家，他在经营江南这件事上，下的是一盘大棋，整个计划执行得慢条斯理、从容不迫，没有一丁点儿操之过急的迹象。慢火炖肉，不急不躁，感觉到可以享用的时候，猛然用力加把大火收汤，锅盖一掀就美味上桌了。

从历史事实来看，南陈就是杨坚慢火熬制的菜。他瞅准了这个南陈小国皇帝的柔弱、昏庸和无能，所以抓住时机，一口就把南陈吞并了。在陈叔宝老爸陈顼主政时，杨坚虽然也有吃掉江南陈国的想法，但那时候，杨坚刚从宇文家夺得皇位，国内还有很多不服他的势力，北方的突厥凭借着兵强马壮，也一直在不断地侵扰着新隋国。

所以杨坚在太建末期那会儿，不想南部边境有事，对陈国是相当的友好："每获陈谍，皆给衣马礼遣之。"每次抓获潜入隋国进行军事侦察的陈国间谍，杨坚从来不是囚禁处死他们，而是客气万分地向他们赠送鲜衣宝马。您看您伪装成乞丐流民卖狗皮膏药的，多影响光辉形象呀，来，换身干净衣服，骑上高大战马，偷偷摸摸而来，平平安安回家吧。慢走不送，欢迎再来！

那时候的杨坚，对南陈可以说是仁至义尽，他不想多面树敌。可陈顼并没有领情，经常在边境对隋军发起攻击，甚至还夺取了隋国的胡墅城（今江苏南京市六合区）。不过陈顼晚年有点犯糊涂，对不能实现北伐伟业耿耿于怀，严重高估了自己的力量。

杨坚时代，中国历史上南北方政权最常见的力量对比模式已经非常明显，那就是北强南弱模式。南陈当时的国力、军力、财力、人力等各个方面都早已不是隋国的对手，隋国没有主动南下，对南陈而言，就是烧高香了。

在陈顼不自量力的多次挑衅后，杨坚生气了，决定向南方用兵。太建十三年九月，杨坚以上柱国长孙览、元景山为行军元帅，以他最为信任的尚书左仆射高颎为总指挥，向南陈发起了大规模的攻击。

最终，这场南北方的大战并没有演变成全面战争。隋军的攻击速度很快，元景山从汉口（今湖北省武汉市）出发，击溃了多支前来阻击他的陈国军队，轻松占领这一大片重要的长江水域。这个时候，陈顼突然生病了。也不知道是不是连气带吓的原因，反正病得很重，第二年的正月就死了。

从隋国出兵南下到陈顼死亡，只有短短的三个月时间。陈顼没有白死，他的死是对南陈国作的最后一个贡献。陈顼死后，南陈政治变成一团乱麻，在汉口大败后，南陈派出使节向隋求和，表示即刻归还先前夺走的胡墅，请求隋国罢兵息战。

杨坚接受了南陈的请求，诏令隋军全线撤回国内。撤军的理由很高尚：礼不伐丧。意思就是对正在办理君王丧事的国家，不采取军事行动。这是古中国存在的很人道主义的一项礼仪，在杨坚之前的一千年就有了。杨坚的这项人性化的决定为他增分不少，很多陈国民众都认为他具有大国君王风范。

其实杨坚也是正好就坡下驴。他这次对南陈用兵只是战术意义上的行动，并没有上升到消灭陈国的战略层面上。本意是想通过深度打击南陈，促使他们变得老实一点，不要再随意跑到边境惹事，影响他对北方突厥的军事大行动。杨坚当时愤怒于突厥的嚣张，决心集中军力狠击突厥，使北方边境实现长久安定。现在既然南陈服输认怂，他的目的也已经达到，就此收手，不早不晚刚刚好。

当杨坚再一次下令隋军挺进南陈时，已经是五年后了。所以说在经营江南这个问题上，杨坚下的是一盘大棋。在他登基称帝的第一年，虽然还没有能力发起南北统一之战，但他的目光早已越过黄河、跨过长江了。坐上皇帝宝座还没满月，杨坚就向高颍征询平定江南之策。高颍给他推荐了两大猛将：贺若弼和韩擒虎。杨坚全盘采纳了高颍的建议，任命贺若弼为吴州总管，镇守广陵；韩擒虎为庐州总管，镇守庐江。

"总管"就是以前的都督，相当于部队军分区司令。吴州总管的办公驻地在今天的江苏扬州市，庐州在今天的合肥市。扬州与合肥都距陈国都城建康很近，一个在东，一个在西，跟建康城都只隔着一个长江，名副其实的"一衣带水"的距离。

说起"一衣带水"这个成语，相信大家都知道它的含义和用法，现在经常说中国跟朝鲜，跟日本是一衣带水。这个成语的来历就和杨坚平陈有关。不过成语中"水"最早专指水波狭窄的长江，后来慢慢演变成了宽广无垠的大海。

杨坚是个英明的皇帝，有着以民为本的思想。他觉得南陈百姓在昏庸的陈叔宝统治下，一定过着水深火热的生活，所以他总是有着一种解放江南，救南陈百姓于水火的使命感。在一次讨论进军江南的计谋时，杨坚气呼呼地对高颍说了这么一句话："我为百姓父母，岂可限一衣带水不拯之乎？"杨坚无惧长江天险的阻隔，表示自己为了解救南陈百姓，愿意付出重大代价。我作为民之父母的天子，怎么能因为隔着一条衣带宽的长江，而不去拯救他们呢？说完这句话没两个月，杨坚就一声令下，启动了灭陈计划。

当然，现在写起这个过程，简单一句话就能跨越很多年的历史，但在当时，为了灭掉南陈，实现南北一统，杨坚是苦心经营了很长时间的，而且作为力量强大的一方，他还以灭陈大局为重，在战役全面部署完成前，默默隐忍了陈叔宝好几年。陈顼驾崩那一年，杨坚不仅下令全部撤回攻打南陈的军队，而且派使节带着自己的亲笔信过江吊丧。杨坚的信写得非常客气谦逊，信中自称"杨坚"，还有顿首、叩头一类谦卑的礼节用语。

杨坚作为皇帝，向对方自报姓名，这是非常客气且有礼貌的做法了。从这点也可以看出杨坚的素质和教养水平。刚刚登上皇位的陈叔宝，见北方大国皇帝对自己如此毕恭毕敬，优越感瞬间爆棚，变得忘乎所以了。

在给杨坚的回信中，陈叔宝的字里行间充满了骄横："想彼统内如宜，此宇宙清泰。"这口气像是上级领导表扬下属，我想，你真是一个治理国家的好手，隋国天地之间清净安泰，都是你的功劳！这后面如果再加上一句"继续努力工作，明年给你提半级"，完全就是局长对处长说话的味道了。

杨坚看完回信后，心里很不快活，你一个蕞尔小国领导，皇帝工龄比我短，年纪比我小，实力比我弱，我跟你那么客气，你凭什么跟我这样老滋老味的？虽然很生气，但杨坚并没有表现在行动上，只是让文武大臣在朝堂上互相传阅此信。大臣们看了，比杨坚还生气，觉得陈叔宝目无君上，应该立即发兵江南，灭其国，擒其人。杨坚当然不会这么做，而是选择继续完善备战措施，确保来日出兵时一击成功。

这个时候，中国历史已经到了南北朝晚期，南北朝长期隔着长江拔河的双方队员，一边宋齐梁陈，一边北魏东魏西魏北齐北周地换了好几拨儿了，大趋势上，每一拨儿的存在，都是南方怕北方。到陈叔宝的时候更是如此，他甚至连杨坚的画像都不敢正眼面对。陈叔宝经常听人说，隋国皇帝杨坚相貌不凡，和普通人不一样，便想满足一下好奇心，他想看看杨坚到底长啥样。为了能真切看到杨坚的长相，陈叔宝以派遣外交使节的名义，命画家袁彦伪装成使节去面见杨坚，嘱咐他认真观察，把杨坚画出来。

袁彦的画工也真是了得，跑到隋国皇宫拜见杨坚，然后凭着记忆，分毫不差地画出了杨坚的样子。回国后，袁彦将画像呈献给朝廷。陈叔宝迫不及待地打开画轴，这个时候，戏剧性的一幕发生了。刚刚看到画像，陈叔宝就像突然遭到电击一般，表情惊骇地扔掉画像："吾不欲见此人。"

本以为能满足一下好奇心，没想到却比看到鬼还恐怖，杨坚的画像把陈叔宝吓得惊恐万状，他公开表示，自己再也不想见到这个人！

陈叔宝这么害怕杨坚画像的具体原因，没有人知道。合理推测，可能是杨坚与众不同的相貌吓到他了。陈叔宝一直以深宫为家，生活在脂粉飘散的女人堆中，目光所及之处，都是女人婀娜，男人文气，乍一见杨坚这个长相奇异的五大三粗北方大汉，被吓得血压急升也不难理解。

按照《隋书》记载，杨坚的相貌确实异于常人："为人龙颔，额上有五柱入顶，目光外射，有文在手曰王，长上短下，沉深严重。"根据这个记载，可以基本判定大隋皇帝杨坚是个丑八怪。下巴巨长，身体比例不协调，上身长下身短。正常应该是大长腿，他是大长脸。额头上还长了五个肉柱，从眼睛上方直插到头顶。

天呐，这个画面真是难以想象的难看，简直是丑哭了。也不知道这是不是史官的故意渲染夸大。一个脑袋上，长着五根香肠似的大肉瘤，这还能看吗？怪不得吓死宝宝了。当然，杨坚的气质应该不错，霸气侧漏的那种，目光犀利，深邃沉稳，有一种卓尔不群的天然领袖气质，大概陈叔宝既被他的奇特相貌丑伤了，也被他的凶悍气质灼伤了，从心底里生出一种惧怕对方的心理。

陈叔宝对杨坚那种发自心底的惧怕是对的，因为杨坚一直在做着让陈叔宝最惧怕的事情，那就是出兵夺取他的天下。杨坚向他的谋士高颎讨要平陈之策。高颎给他出了两个金点子。

第一个点子是骗。这里所讲的"骗"其实就是兵法上所说的兵不厌诈。高颎建议，在南方水稻成熟收割的季节，隋军故意搞事，敲锣打鼓，集结军队，做出要过江攻击的样子。对岸陈军见此，一定会搁置水稻收割，优先抽调人员加强各基地渡口的工程防御，等他们紧张忙碌一通后，我们就偃旗息鼓不理他们。待他们准备再去农田收割稻子时，我们再次呐喊进攻，这样他们必定还会重新抽调守卫人员加强防守。一旦他们各就各位严阵以待时，我们又不理他们了。如此多次反复，会让他们耽误收割，使水稻烂在田里。而且我们经常如此，对方一定会习以为常，不再重视我们的此类集结行动。到我们真的渡江作战的那一天，他们一定还以为我们是虚张声势欺骗他们而不加防范，这样我们就可以出其不意、攻其不备，趁他们观望迟疑之际，假戏真做，直插对岸。

除了骗，高颎还提供了"烧"字法。派间谍过江纵火，制造火灾事故。那时候的条件很简陋，各种军事物资以及粮食都简单堆在外面或屋子里，房子又多是竹木或茅草搭盖的，纵火特别简单，随便丢下个火种，就能烧得一片焦土。隋军间谍利用南陈疏于防范的特点，到处顺风放火。等他们的房子、粮库重新修复之后，隋军又去放火焚烧，把南陈烧得元气大伤，各种资源供应出现紧张。

吴州总管贺若弼把高颎的这个平陈计谋运用得炉火纯青，起到了很好的效果。可以说，贺若弼在扬州当总管的日子里，工作的全部内容就是在欺骗麻痹江对岸的南陈军队。他在持续不断地给陈军上演"狼来了"的游戏，彻底麻痹了对方本来一直警惕的神经。

为了达到更好的欺骗效果，贺若弼向杨坚建议，要求隋军所有的江防部队在换防交接时，都集中在扬州进行。部队守卫江防一段时间后，需要调换到后方进行修整，换一支新的部队来接防。每当这时候，扬州江堤上总是旌旗招展，人喊马嘶，骑兵、步兵来回奔驰穿梭，一派即将进行大战的场面。对岸南陈守军看到这个场面后，立即发出战斗警报，增调援军，并对部队进行紧急作战动员，作出歼灭来犯之敌的准备。

哪知道枕戈待旦忙了个半天之后才得知，那只不过是对岸部队的例行换防。久之，任对岸再怎么闹出动静，陈军都不以为意了。管他呢，他们在换防！后来贺若弼正是用这种换防法过江的。当他的部队全部渡过长江后，陈军都没有发现，还以为换防吵吵一通就各回各家了呢。

　　为了更深度麻痹陈军，贺若弼还故意和陈军做生意。他把一些已有年头的老战马低价卖给对岸的陈军，然后用这些钱从陈军那里购买船只。陈军当然知道他们想买船渡江，故意黑他们，便把那些老旧的船只高价卖给他们。贺若弼假装不识货，喜滋滋地购买了五六十艘破旧战船，宝贝似的停靠在军营码头，好像将来就靠这些船只渡江作战。其实私下里贺若弼早就准备好了大批战船，为不让隋军发现，特意偷偷隐藏起来了。陈国间谍看到那几十艘从他们手里买来的破船后，暗笑隋军傻帽，并作出了隋军缺乏大型船只，无法渡江的结论。

　　为了迷惑南陈将士，为了一战成功，隋国君臣互相配合，用尽了心思。而对岸的南陈君臣也是在彼此相互配合，忙碌得不可开交，只不过他们不是在战场上忙碌，而是在酒场上、文场上忙碌，君臣忙着饮酒作诗，忙着欣赏宫娥美女的曼妙舞姿和动听歌喉。

　　这样的现状下，神仙也救不了陈国。破竹之势已经形成，只差隋国皇帝杨坚横渡长江的一声令下了。

第十二章　当南陈成为往事

该来的终于来了。

隋开皇八年（公元588年），三月初九这天，隋文帝杨坚昭告天下，宣布征讨南陈。之所以用带有感情色彩的"征讨"一词，是因为在杨坚看来，自己是以有道伐无道，是去解救生活在水深火热之中的南陈人民的。同为皇帝，杨坚的使命感比陈叔宝要强很多，他觉得自己有责任使长江南北统一，让南北人民同享良政。

看他所发的宣战诏书，还真是充满了人文感情色彩："天之所覆，无非朕臣，每关听觉，有怀伤恻。"杨坚认为普天之下，都是他的臣民，每当听到江南百姓苦于苛捐杂税和残暴统治时，他都会内心恻隐感伤。也不知道他说的是真是假，反正看着像真的，至少比陈后主陈叔宝好，他说都懒得说，只管使劲收税，使劲花钱，使劲玩乐。

杨坚在宣战诏书中详细列出了陈叔宝的二十条罪状，包括拒谏饰非、滥杀无辜、荒淫无度、穷奢极欲、盘剥百姓等昏君共有的诸多特征。为了显示自己发起战争的正义性，杨坚命人将诏书抄写了三十万份，运送到江南陈国境内散发宣传。这大概是中国最早的大规模战争宣传传单。抄写三十万份，简直让人难以相信。不知道是不是数字记载有误？这么大的工作量，得需要多少人抄写多少天才能完成？而且这么多的传单，怎么一张一张散发到南陈民众手里？要是现在，从飞机上往下一撒，就天女散花般地落到想要到达的任何地方。派人去敌国领土上发战争传单，别人怎么可能让你发？分分钟就被抓了。此事存疑。

传单有疑，但杨坚吞并南陈的决心确定无疑。他在诏书中明确提出了本次战役目标："在斯一举，永清吴越。"就这一战，永远平定吴越江南。为了这一战，杨坚足足准备了八年，在确定了万事俱备后，才正式发兵南下。

在宣战诏书颁布半年后，公元588年十月，灭陈之战正式开始。隋国这次是倾国而来，五十一万八千大军压向江南。上一次北方对南方发起规模这么巨大的战争，还是两百年前的前秦皇帝苻坚。那一次，满怀投鞭断流霸气的一代枭雄苻坚，兵败淝水，帝国崩盘，导致本来已经安定统一的北中国再次陷入混战。

杨坚这次的形势跟苻坚那次差不多，如果南方战争失败，刚刚成立不久的隋国大概率会成为前秦第二，北方极有可能再次乱成一锅粥。因为当时北周皇室宇文家族已经被杨坚斩尽杀绝。一旦杨氏垮台，在新老势力全部缺失的情况下，必然会引发其他各种势力的夺权之争。但从杨坚的周到谋划来看，他应当是吸取了淝水之战的教训，利用数年之间，长期致力于南下军事安排，确保一战成功，一劳永逸。

在开皇元年，杨坚就看出了巴蜀之地对经略南方的重要作用，将小儿子杨秀由越王改封蜀王，派他到益州担任总管，以便控制四川，及早在长江上游发力，将来决胜下游的建康。这次五十多万人的超级军事行动，就是围绕长江全线展开的。出兵之前，杨坚整合了高颎、杨素、贺若弼、崔仲方等多人的平陈建议，从长江上中下游的三个点分别发兵，让南陈应接不暇。

杨坚总共有四个儿子，长子杨勇，也就是当时的太子；二儿子即国人广泛知晓的隋炀帝杨广，不过此时杨广还是深度伪装隐藏自己本性的晋王；三儿子是秦王杨俊，四儿子即上文所说的杨秀。为了一举平陈，除太子协理朝政不出都城外，杨坚把三个儿子都派上了用场。杨秀早在全面攻陈的头一年，就在巴蜀之地展开了军事行动。当全面平陈战役打响时，杨坚的另外两个儿子，都是统领军队的大军元帅。

杨广是这次平陈作战的总指挥，可见当时杨坚对这个二儿子已经很信任了。不过杨广的大元帅啊，总指挥啊，都是表面上的，他当时才十九岁，真正替他出谋划策做决定的是杨坚派去辅佐他的高颎。

高颎深得杨坚信任，是隋开国、建国大功臣，隋朝很多影响后世的制度，都是在他的主持下形成的。像在中国法制史上占有极为重要位置的《开皇律》以及对历史影响深远的三省六部制度，都是在高颎的主持下完成的。

《开皇律》一改前朝刑法的残忍酷烈，治病救人，与民生机。此前的法律，为了压制百姓，光死刑就细分为好几种，有把犯人头砍下来悬挂示众的，有车裂分尸的，极其血腥无道。高颎修改法律，将死刑定为斩和绞两种，并根据犯罪轻重拟定了笞、杖、徒、流、死五种基本的刑罚手段。笞刑就是用小竹片打屁股；杖就严重些了，用木棒子狠打；徒相当于今天的有期徒刑，判你个三五年，主要是为官府干活劳动，挖沟呀，砌墙呀，舂米呀，啥活累就干啥活；流就是流放。

清宫电视剧不是经常有"流放宁古塔"的台词吗？宁古塔，东北苦寒边陲，离内地几千里，山高路远雪深，流放到那儿的人，好多还没走到就死在路上了，所以这是一种很重的刑罚了。这五种刑罚自《开皇律》生成以后，就一直被后世历代王朝固定继承，成为中国古代社会最基本的五刑。还有高颎主持制定的三省六部制度，也同样被后世历代王朝所沿用，成为贯穿唐朝以后的基本政治制度。

尤其是六部，一直沿用到清朝：吏部、户部、礼部、兵部、刑部、工部。隋朝六部和清朝六部名称唯一不同的是，隋朝没有户部，有民部。这是因为在唐朝的时候，唐太宗李世民的儿子唐高宗李治为了避父亲名讳，下令把民部改成户部。

因为皇帝身份，李世民的名字不仅改掉了民部，还给"观音菩萨"改了名。唐朝以前，一直都是叫"观世音菩萨"的，同样的避讳原因，去掉一个字，就变成了现在国人极为熟知的"观音菩萨"了。不过，给皇帝避讳太正常了。杨坚也因为避讳杨忠而把秦汉以来就存在的"侍中"改成了莫名其妙的"纳言"。无奈他家天下太短，到唐朝的时候，李家人觉得这名字古怪别扭，又给改回侍中了。

不过高颎主持订立的《开皇律》中，有一个首次出现的词汇，一直到封建政权彻底消失，都一直沿用且没有更改过。这个词汇中国人都相当熟悉：十恶。高颎总结前朝的各种不可饶恕的十种重罪，将其打包放入《开皇律》，冠之以"十恶"名称，分别是谋反、谋大逆、谋叛、恶逆、不道、大不敬、不孝、不睦、不义、内乱。所谓"十恶不赦"指的就是这十种罪。

封建帝王经常在登基、生日、改元、儿孙出生等喜庆日子里宣布全国大赦，被关押的罪犯会因大赦得到减刑甚至直接释放，但对于犯有十恶罪之一的犯人，则不在大赦范围之内。这就是"十恶不赦"的由来。"十恶"制度从隋初确立到清末废除，在中国历史上存在了十三个世纪，跟同为隋朝创立的科举制度存续时间一样久远，对维持封建社会的持续稳定起到了重要作用。

对杨坚来说，高颎的重要作用相当于刘邦的宰相萧何、李世民的宰相房玄龄，是不可或缺，难以替代的，所以，杨坚才会把他配给儿子杨广，当他的参谋长，给儿子掌舵压舱。

隋军进攻陈国的最大障碍是长江，千万年来，浩荡奔流的长江之水，将中国的土地切割成地域分明的南北两方，因为这个难以逾越的天险，中国多次出现了南北分治局面。为了踏平天堑，杨坚这次缜密筹划了渡江方案，最终采取了多路开花、分进合击的战略战术。

五十一万八千隋军分成八路，从长江上中下全流域同时展开军事行动。秦王杨俊兵出襄阳，夺占汉口；清河郡公杨素师出永安（今重庆市奉节县），顺江东下；荆州刺史刘仁由江陵沿江西上，攻取湘州；蕲州刺史王世积兵出蕲春（今湖北省蕲春县），南下豫章，控遏长江中上游水域。

这四路军队只是在长江中上游的用兵。而陈国都城建康所在的长江下游才是隋军瞄准发力的主战场，隋军的主力部队都布置在下游一线。杨广率军从六合出发，正面攻击建康；大将燕荣指挥军队攻击建康背后的吴州，清除支撑建康的力量。最重头的两支部队是韩擒虎和贺若弼。作为隋国的两大名将，他们承担着作战先锋的角色。韩擒虎由庐江出兵，从西边向建康推进；贺若弼则从离建康极近的东方城市广陵包抄建康。

摊开地图，我们会发现，这是一次战线超长的庞大军事行动，从上游的四川到下游的江苏，全长两千多公里都是战场。隋军的战法很明确，多点突击，要让陈军应接不暇，首尾不能兼顾。

而且在这其中还故意埋藏着声东击西之计。杨俊和杨素先在蜀地和汉口一带凶猛攻击，大造隋军主力要从上游渡江的声势，吸引陈军下游军队溯江而上进行增援。在四川湖北战场打得火热的时候，韩、贺两支部队则保持低调态势，配合上游的计谋。同时，隋军对在四川和湖北的军事行动也做了两手准备。如果陈军中计，派兵西上，那韩擒虎和贺若弼就趁着陈军兵力分散之际，在下游进行强行渡江作战。倘若陈军识破了这招声东击西计谋，也不要紧，隋军正好就机扫平中上游，待完全控制局势后，大军则从上游顺江而下，和下游军队一起合击建康。

最后的结果是，陈军没有中计，杨俊、杨素很快便肃清了沿江一线的陈国守卫部队。不过，陈国没有派兵西上增援，并不是他们精明地识破了隋军的计谋，而是压根儿就不知道什么这计那计的，完全是一副懵懂无知、没人管的无政府状态。

长江三峡那块打得血火纷飞，陈叔宝还忙着在深宫后院喝酒赋诗呢，前面已经讲过了，陈国皇帝和大臣都不相信隋军能打过长江，觉得他们只是在江边打一阵子就退回去了，根本不重视前线战事，哪还会有人去系统分析隋军的进攻是不是别有他意？有那功夫还不如多抱一会儿美女、多喝一壶美酒呢。

历史走到了这个时候，出现了陈叔宝这样的君王，长江两岸是注定要统一的了。杨坚赶上了好时候，一方面是他的雄心壮志、励精图治给了他一统天下的内因，另一方面，昏得不辨好歹的陈叔宝也为他创造了千载留名的历史机遇。连生死防线的国门长江都当成无所谓、不存在，不被灭亡才怪。试想，如果换成陈顼，隋军要想轻松过江，是断无可能的。但历史的进程就是这样，长江后浪推前浪，落后的力量，总是这样被新生的先进力量所取代。

由于南陈整个朝廷官僚系统的昏聩无知，隋国的这次南下军事行动推进得特别顺利，各路军队都超计划进度向最终的作战目标建康挺进。上游的杨素率领水上舰队，沿长江三峡东下，所向披靡，在今天的湖北宜昌附近击败了利用险峻地势防守的陈国将领戚欣；杨俊以汉口为中心，四处出击，攻占了陈国多处水上要塞，并成功将陈国荆州刺史陈慧纪的好几万水军及一千余艘战舰封锁在汉口以西地区，使其无法向东移动，为下游的韩擒虎和贺若弼两军攻击建康减轻了压力，提供了便利。

隋国来势凶猛的军事攻击让陈国的沿江守军感觉事态严重，各江防部队的告急奏章雪片一般飞向朝廷，希望朝廷赶快向上游地区增派军队，阻挡隋军南下。奏章倒是很快就被送达朝廷了，但陈叔宝根本看不见，奏章都被主管朝廷机密的施文庆、沈客卿两人给扣押下了，根本不向皇帝禀报。奸臣都是这样，对皇帝只报喜不报忧。他们决定隐匿战争消息不报的原因是当时正值年末，朝廷在准备即将到来的盛大元旦庆典，这时候如果把军事警报送到皇帝案桌上，是给皇帝添堵，给安定团结的大好形势抹黑，所以两人直接把这些求援奏章给扣下了。

古代的元旦跟今天的元旦并不是一个概念。我们今天所说的元旦是指公历元月一日，而古代的元旦指的则是农历正月初一这天。这一天是一年的开始，朝廷照例是要搞一个庆祝仪式的。陈叔宝特别喜欢这类粉饰太平的庆典仪式，所以他手下的那些奸佞之臣纷纷投其所好，挖空心思地把元旦庆典办得盛大隆重，形式主义十足。

不过话说回来，施、沈两人扣押军情不报虽是祸国大罪，但按照陈叔宝当时的状态，即便是报警奏章送达到皇帝本人，他也不会重视的。当时为了迎接元旦朝会庆典，他已经下令寻阳以东所有战舰全部回到建康集结，参加庆典阅兵展示。这是要蠢到何种程度才能作出这样的无脑决定呀，竟然为了点缀庆典仪式，要求保卫国家江防安全的军队从防线上撤离！

军方将领虽然觉得这个命令荒诞无稽，但也不得不执行命令。一时间，寻阳以下所有军舰全部开拔驶往建康，留下空荡荡的江面。千里长江，找不到一艘防卫舰艇，任何地方都无人设防。隋军只要进入寻阳，舰队就可直接开往陈国的心脏城市建康。所以，上游地区请求支援的告急战报，再急也是白搭。皇帝陈叔宝就算知道了，也没有兵派去支援，所有的战舰都在建康，离上游太遥远了，根本过不去。

当然，南陈朝廷还是有明白人的。比如护军将军樊毅、骠骑将军萧摩诃、仆射袁宪等人，他们就看出了江防形势的严峻性，于是几个人共同向皇帝建议，说京口和采石这两个地方是极为重要的军事要地，敌人很有可能从这两个地方渡江攻击都城，所以必须加强这两个地方的军事防御力量。每地至少加派五千名精兵和两百艘军舰，增强陆地防守和江面巡查力量，确保两地长江防线万无一失。

这个建议对疏于长江防守的南陈而言无疑是一个亡羊补牢的好办法，但陈叔宝并没有采纳，他听信身边的一群奸小之言，认为长江天堑牢不可破，自己王气罩身，有上天护佑，隋军永远打不过长江。

现实马上给了陈叔宝一记响亮的耳光。杨广率领的隋军渡江作战的主力部队早已准备就绪，贺若弼、韩擒虎两支先锋突击部队就在陈国元旦大庆当天发起了渡江作战。

当天晚上，贺若弼、韩擒虎同时开启了渡江之旅。贺军选择广陵作为渡江地点，韩军则看中了采石，两支军队呈东西合围之势，向建康进击。隋军的渡江行动顺利得让人瞠目结舌，两支部队都没有遇到任何抵抗就到达对岸。陈叔宝做梦都不会想到，他倚为金汤屏障的长江天险，没有起到丝毫阻挡敌人进攻步伐的作用。

贺若弼是个大忽悠，利用破船、老马，成功忽悠了陈军。陈军断定这位隋国将军是个不知天高地厚的草包。为了继续松懈麻痹陈军的防守意识，贺若弼继续加码忽悠，反复在江堤上演"狼来了"的故事，每次军队换防时都故意弄得轰轰烈烈，闹出很大动静。刚开始陈军特别警觉，以为他要渡江，后来这阵势见得多了，便再也不像开始时那样严阵以待了，无论这边闹出多大动静，陈军该睡的继续睡，该玩的继续玩，没人把这个当回事。

开皇九年正月初一的晚上，狼真的来了。贺若弼大摇大摆点齐军马，在夜色的掩护下横渡长江。对岸的陈军根本不相信他们会渡江，还把他们视为以往那样的日常行动。所以，当贺若弼的军队出现在对面江岸时，竟然没有一个陈国军民发现。从采石渡江的韩擒虎也同样没有遇到任何抵抗。

因为元旦庆典犒劳，采石守军个个喝得酩酊大醉，当韩擒虎带着五百名精兵出现在采石时，陈军都正烂醉如泥地呼呼大睡呢。两个极为重要的江防重镇，就这样被隋军轻易占领，让人难以想象，难以评价。

过江以后的仗就更好打了。贺若弼兵抵广陵后的第五天，就拿下了京口。京口是建康的一级门户，这个屏障丢失了，就等于把建康大门裸露在敌人面前了，敌人踹门进城或是翻墙进城都是必然的事情了。

随着贺、韩的成功渡江，晋王杨广指挥隋军大部队全面压向江南，隋军源源不断进入陈境，军事进展迅速，部队推进速度极快。隋军过江以后，将军事目标对准了所有护卫建康的周围城市，目的是清除外围后，孤立建康，然后合而围歼。

这场战争关系到陈国的生死存亡，隋、陈两军之间本应该爆发激烈无比的抗击和厮杀才对，但出乎隋军预料的是，战斗进行得意想不到的顺利，韩擒虎和贺若弼两军在向建康推进的路上，只遇到过少量像样的抵抗，陈军多是一触即溃，然后缴械投降。

隋军对投降的陈军非常友好，不虐不骂。京口之战，贺若弼一下子俘虏了六千名陈军。对这些人，贺若弼不但全部将他们无条件释放，而且发给粮食，让他们回家和亲人团聚。当时隋军军纪十分严明，部队规定对百姓的一草一木都不容侵占。一名士兵在进入京口后，因为喜欢喝酒，实在忍不住断酒之苦，就一个人偷偷溜出军营，私自跑到百姓家买酒。贺若弼听说这事后，立即将那个士兵抓起来斩首了。所以，初期战争时，隋军对陈国百姓秋毫无犯，博得了良好口碑，再加上贺、韩两人本身就威名远播，因此，很多陈国守军，一见他们来到城下，直接开城迎入。由此可见，两军当时实力之悬殊，也充分说明了人心之向背。

陈叔宝在得知隋军过江后才真正慌神儿害怕了，赶紧宣布京师戒严，组织各军反击隋军，保卫建康，希望能把隋军打回江北。当时建康还有十几万水陆军队，如果有得力的统帅将领，还是有资本和隋军一战的。毕竟当时进入江南作战的隋军以先锋军团为主，数量不是太多，倘若陈军指挥得力，战法得当，击退隋军也并非完全没有可能，但陈叔宝并没有抓住这个有可能翻盘的机会。

陈叔宝虽握兵在手，却迟迟不愿出手，以致一次次错失战机。当贺若弼刚进攻京口时，萧摩诃就向陈叔宝请求领兵出战，支援京口守军，但被陈叔宝制止。后来，贺若弼进据钟山时，萧摩诃又向陈叔宝请求出战："弼悬军深入，垒堑未坚，出兵掩袭，可以必克。"萧摩诃久经战阵，看出了贺若弼为了贪取更多、更大战功而露出的破绽，说他一支孤军深入陈境，趁他营垒还没有搭建稳固，立足未稳的时候发动偷袭，一定可以打败他。

这么值得一搏的上好建议，也同样被举棋不定的陈叔宝耽误掉了。其实，抓不住机会是正常，要是抓住了反而不正常，因为南陈皇帝陈叔宝的确不具备这样的水平和素质。《资治通鉴》是怎样描述此时此刻的陈叔宝的呢？"叔宝素怯懦，不达军事，唯昼夜啼哭，台内处分，一以委施文庆。"国家危亡的关键时刻，作为国家的掌控者，陈叔宝不是临危不乱，指挥若定，而是吓得日夜不停地啼哭！陈叔宝对军事一窍不通，也不信任军方将领，在以泪洗面一番后，他把宫内的一切处理权都交给了施文庆，让他决定一切，指挥一切。

施文庆是个毛都不懂的佞臣呀，他哪能干出什么正经事，全是给朝廷拆台的馊点子。这个时候，陈国全国人民都希望来一场胜仗，就施文庆一个人不希望打胜仗，他考虑的是他自己心里的小九九。施文庆知道自己因为跋扈专权，在军方将领眼中印象很差，担心要是那些将领打了胜仗，立功受奖，自己以后便难以控制他们了。所以，他向陈叔宝建议说，那些将军个个都是没有文化的大老粗，一向对朝廷不满意。眼下这个危机四伏的紧要关头，他们的话可不能相信，小心他们拥兵自重反对朝廷。陈叔宝本来就啥都不懂，听施文庆这么一说，对将领们的请求更是拒多应少了。

随着战机的不断贻误，隋军已经真正打到家门口了。贺若弼在今天的南京紫金山布好了阵势，韩擒虎在今天的南京西南郊区，两将并进，向陈叔宝所在的皇宫逼近。最终，陈叔宝下令出击迎战。骠骑将军萧摩诃、鲁广达、孔范等人对阵贺若弼，镇东大将军任忠领兵前往西南方向的新林，迎战韩擒虎。

这场钟山之战本来形势是有利于陈军的。贺若弼的军队只有七八千人，陈军在数量上远远优于隋军，再加上萧摩诃的勇猛多计，真要干起来，贺若弼八成要吃亏。不过，在最关键时刻，以往一直的主战派萧摩诃却突然临阵变卦，故意出工不出力。只剩鲁广达一支部队在跟贺若弼血拼。

饶是如此，贺若弼也是被杀得险象环生。因为鲁广达率众死战，隋军一度被杀得节节败退，短时间内阵亡了近三百人。战场经验丰富的贺若弼下令燃起浓烟，利用烟雾遮蔽的空当，调整队伍才使得军卒士气重新振作起来。而小胜的陈军见隋军攻势稍缓，纷纷砍下阵亡隋军的人头，急不可耐地奔回宫城向皇帝请求赏赐。一颗敌人的首级，在战前都早已明码标价了，很多士兵都心急火燎地想把人头变现，一窝蜂地离开了战场。

　　贺若弼瞅准这个时机，率军向力量最弱、不懂军事的孔范所在阵地猛攻。孔范写宫廷艳诗倒是有两把刷子，但打仗完全是外行，他之所以握有军权，完全是陈叔宝任人唯亲。孔范见隋军攻击，自己带头跑路逃命。军士见主帅逃跑，当然也不甘束手待宰，四散溃逃。陈军其他部队见此情景，也生怕自己落在别人后面，赶紧跑跑跑。隋军在后面顺势追杀，陈军由于人数太多，互相拥挤踩踏，当场死亡五千多人，一败涂地，连萧摩诃也遭受牵连，成为俘虏。

　　萧摩诃在这场战斗中没有尽力，被俘也属咎由自取。不过，他不愿出力是有原因的。这个原因是天下所有男人最忌讳的——被戴了绿帽子。皇帝陈叔宝和萧摩诃的老婆私通多年。萧摩诃虽然早已知晓，但没法制止，只能睁一只眼闭一只眼。萧摩诃对陈叔宝可以说是有再造之恩的，如果没有萧摩诃的强力支持，陈叔宝早就被宫廷政变时候的陈叔陵给杀了。这样的股肱之臣，身为皇帝，竟然睡了人家的老婆，可见陈叔宝不仅好色荒淫，而且无智无脑。

　　在隋军逼近都城，需要大将为自己效力的时候，他忘了自己的第三者身份，情真意切地向萧摩诃求助："公可为我一决！"看着皇帝乞求的眼神，萧摩诃心里似乎增加了几分回怼他的勇气："从来行陈，为国为身；今日之事，兼为妻子。"萧摩诃的这个回答在史籍上显得特别突兀，前后都没有相关的文字铺垫或解释说明，让人觉得莫名其妙，如坠云雾。

　　萧摩诃说这话是什么意思？以前打仗，都是为了国家利益和家族荣耀，今天作战，不仅为国为家，还为了老婆孩子。不知道这算不算是敲打陈叔宝，暗自提醒皇帝，自己知道他和妻子私通之事。从萧摩诃上战场后无心恋战，故意不跟隋军正面开打这个事实看，应该是萧摩诃突然记恨心起了。

萧摩诃被俘后被送到贺若弼大帐，贺若弼大手一挥，命令刀斧手推出帐外砍头示众。这个时候，绝大多数人都会痛哭流涕哀求饶命，但萧摩诃却神色自若，平静异常，一副视死如归的样子。贺若弼觉得此人是英雄好汉，便亲自给他松绑并以礼相待。

此后，萧摩诃归顺了隋朝，且深得杨坚的欣赏，直到十五年后被杨广所杀。萧摩诃是南朝时期的著名将领，是用兵布阵的高手。在和贺若弼的钟山之战中，如果他全力作战，隋军败退的概率极大。不过即使贺若弼此战受挫，也只是局部影响，杨广、杨素、韩擒虎等多只部队正从不同方向对南陈实施全国包抄，南陈已是危如累卵。

萧摩诃军事方面的才能还影响了唐初第一名将李靖。关于李靖，我在另一套唐朝书籍中曾经详细介绍过，他一生征战无数，没打过一次败仗，一个人领军灭了几个国家，为李唐王朝统一天下立下了不世之功。他去世的时候，皇帝李世民哭得死去活来，觉得主心骨没了。

这个被后人称为战神的李靖，就是萧摩诃的外甥。作为亲舅舅，萧摩诃从小就教授李靖兵法，所以，李靖不是一个人在战斗，至少后面还站着他的舅舅萧摩诃。不过，钟山之战的时候，李靖还小，只是一个刚满十八岁的小伙子。这舅甥俩有意思，因为战功显赫，被后世不断神话，李靖成了托塔天王，手上拿着一宝塔，妖魔鬼怪谁不服压谁；萧摩诃则成了阎罗王的化身，生死簿上拿笔一勾，凡间对应人的生命便戛然而止。

当然，这些都是神话，当不得真的。就像流传很广的李靖和红拂女的故事。所谓的红拂女，就是上文提到的杨素的侍女。她站在杨素旁边，对向杨素毛遂自荐找工作的李靖一见钟情，觉得这个小伙子有理想、有抱负、有前途，不顾一切地爱上了这个男网友，当晚便直奔李靖下榻的旅馆，从此和心上人一起策马奔腾、浪迹天涯了。而事实上呢，历史上根本就没有红拂女这个人，一部传奇小说的女主角而已。

隋国灭陈之战中，也有两个男主角，这两人就是贺若弼和韩擒虎。贺、韩两人一直在暗中较着劲儿，都想先打进建康。因为灭国之战极其难得，一生能遇到一次就算幸运的了。而灭国之战中的重头戏就是攻进敌国皇宫，活捉敌国皇帝。对一个将领来说，没有比俘虏一国皇帝更为荣耀的事情了。贺、韩二人从两个方向攻打建康，都想先对方一步进入南陈皇宫。从形势上看，贺若弼部推进得更快一些，歼灭的陈军主力部队更多，钟山之战后，他离皇宫仅一步之遥。这个时候，贺若弼内心有点小狂喜了，觉得自己俘虏陈叔宝，创造辉煌历史的时刻近在眼前。

然而世事难料。韩擒虎推进速度虽然慢于贺若弼，但他脑子比贺若弼活络，在这场双方赛跑抓皇帝的战场游戏中，韩擒虎得到了一个关键人物的帮助，使得他成功弯道超车，赶在贺若弼之前冲进了南陈皇宫。

这个帮助韩擒虎抄近道进入皇宫的关键人物，就是南陈国镇东大将军任忠。任忠深得陈叔宝信任，几天前才被从外地调回京师，率军驻扎在咽喉要地朱雀门。当贺若弼在钟山打败萧摩诃、鲁广达等人后，任忠第一时间跑到皇宫，向陈叔宝报告战败情形。

汇报完战况后，任忠以无限忠诚的口吻对陈叔宝说："官好住，臣无所用力矣！"这话说得多深情款款，陛下好好保重，臣已经无能为力了！陈叔宝都被他感动了，忙拿出两大袋黄金送给他，叫他再去招兵买马，继续作战。任忠对再战的事早已没有了兴致，他给陈叔宝出了个主意："陛下唯当具舟楫，就上流众军，臣以死奉卫。"任忠建议陈叔宝乘船投靠上游陈军，自己一定拼死保护皇帝安全到达。

这明显是在用信息不对称诓骗陈叔宝。当时整个长江上，已经没有不被隋军包围、切割、阻断的南陈水军了，前来救援建康的纪瑱部，也在三天前被隋将王世积击溃于寻阳。可以讲，只要陈叔宝上了船，马上就会被隋军毫不费力地连船带人一起俘虏。很显然，任忠这是拿准了皇帝不了解实际战况的弱点，故意出的一个不怀好意的馊点子。

可陈叔宝不知道这点子不怀好意呀，他觉得任忠太够意思了，于是叫他赶快出宫找船部署安排登船西上，他自己则在后宫指挥宫女们整理好行装，等待任忠来接他上船。可等了很久，也不见任忠到来。

任忠当然不会来，此时的他，已主动跑到韩擒虎的军营，向韩擒虎投降了。为了尽早立功，任忠亲自带着韩擒虎的骑兵部队去攻打皇宫。这就给韩擒虎带来机会了。任忠熟门熟路，知道从哪里下手最快捷、最方便。他把韩擒虎直接带到了朱雀门。

守卫朱雀门的陈军准备和隋军开战，任忠不耐烦地挥手，叫他们散开："老夫尚降，诸军何为！"我这样高级别的领导干部都投降了，你们这些小兵还想干什么。言外之意再明白不过，你们要么跟着我一起投降，要么赶紧走人。那些本来还想一拼的士兵，一看自己的领导都带着敌人来砸门了，还守什么城呀，赶紧跑吧，一转身全都不见踪影了。

就这样，韩擒虎兵不血刃就进入了南陈皇宫。这是韩擒虎自己没想到的，更是贺若弼没想到的，他正在城外努力厮杀呢，就想尽快杀光所有阻挡他的陈军，以便在韩擒虎之前进入皇宫。

韩擒虎占领皇宫时，陈叔宝已经整理好了大包小包行装，正焦急地等着任忠来接他上船呢，没想到却毫无征兆地等来了如狼似虎的隋军。当隋军进入建康时，所有朝廷官员和文武大臣，一逃而空。这个时候，没有人再讲究什么忠诚护君了，偌大的朝堂，只剩下袁宪和夏侯公韵几个人陪在陈叔宝的身边。

看到眼下的凄惨景象，想到平时饮酒赋诗时的众臣云集，陈叔宝伤心绝望地对袁宪长叹道："非唯朕无德，亦是江东衣冠道尽。"陈叔宝觉得自己手下的那些朝臣就是一群白眼狼，完全丧失了江东知识分子的道义和担当。听他这话的意思，是想让那些大臣在得知皇帝要经受亡国危难时，不逃遁躲避，而是集体坚守在皇帝身旁，全心捍卫皇帝，誓死保护皇帝。现在居然是这种情景，陈叔宝就觉得那些家伙良心大大地坏了，太没有道德了。

这种怪罪哀叹的语气跟明崇祯朱由检如出一辙。朱由检在李自成军队杀进皇宫时，也曾气愤绝望地痛骂朝臣误了他的国，害了他的命。说他自己并非亡国之君，而手下大臣却全是亡国之臣，临死前甩锅甩得炉火纯青，好像国家灭亡跟他一点关系没有，全是大臣们的错似的。

这类皇帝其实就是"手电筒皇帝"，只照见别人，对自己的缺点却永远都看不见。朱由检，当他冤杀袁崇焕自毁长城时，当他宠信宦官败坏朝纲时，何曾想过会有上吊自杀的一天？还有陈叔宝，当他诛杀进谏良臣，重用奸佞；当他与民争利，提高苛捐杂税时，何曾想过会有台城陷落的那一天？

当皇帝日夜栖身的宫城真的陷落时，身为宫城之主，皇帝们到底是怎样的一种表现呢？如果把历史上此类大数据进行一番统计分析，基本可以得出跑、死、守、让四种情况。

跑很好理解。许多朝代都发生过，包括国人引以为豪的汉唐时代。皇帝一遇到危险，就坐着马车逃离皇宫了。脾气暴躁的藩镇来了，杀人如麻的魔头来了，寡人先出去躲一躲，等风头过去后再回来。长安、洛阳，作为两大帝国的都城，得而复失，失而复得，数不清有多少次，皇帝也来来回回跑进逃出了多少次。

还有一种是死。这个比较牛，得有血性的皇帝才能做得出来。像后唐皇帝李从珂，还有上文所说的朱由检，就是这种当皇帝把自己当成了烈士的例子。当敌人攻破皇宫时，他们自焚的自焚，上吊的上吊，绝不把活着的自己交给对手。

在宫城被敌人攻破时，守着皇宫不愿挪窝的皇帝也有。大家应当还有印象，梁武帝萧衍就是这样的硬核老头儿。当他见到被几百名甲士簇拥着的侯景时，如拉家常般地询问，一路上辛苦吗？南方的伙食吃不习惯吧？那种不怒自威的神态倒是把战胜方侯景吓得冷汗淋漓、嘴唇嗫嚅，差点站立不稳。

最滑稽的当属让了。当得知必败无疑时，皇帝不敢担当，把皇位一让了之。书画成就最高的宋徽宗赵佶就是这么干的。因为害怕金兵咄咄逼人的攻打，他强行把皇位过户给儿子赵恒。赵恒哭喊着不愿接手，无奈身不由己，只得登基。

以上的几种亡国皇帝临场处事模式均不适用于陈叔宝。陈叔宝不同于他们，他独辟蹊径，自创了一门应对危亡的秘籍：躲。

　　得知隋军进了皇宫，陈叔宝心慌意乱，在宫内焦急地寻找能够藏身的地方。袁宪赶紧上前劝说制止："大事如此，陛下去欲安之！"这位大臣是个难得的明白人，他劝陈叔宝放弃躲藏的幼稚念头，说事情已经到了这种地步，作为皇帝，你能躲到哪里去呢！面对一心要隐身躲藏的皇帝，袁宪苦口婆心地劝说制止，并建议陈叔宝衣冠整齐地端坐朝堂之上，效仿当年梁武帝见侯景时的样子，虽是败亡之君，但身份不能失，气节不能丢。

　　无论袁宪说得多么慷慨激昂、多么情真意切，陈叔宝都没有心思听了。他趁袁宪不注意的时候，从座位上跳起来飞奔逃走，一边跑一边说："锋刃之下，未可交当，吾自有计！"

　　这是个珍惜生命的皇帝。他认为，生命只有一次。在敌人亮闪闪的利剑之下，可不能抱着碰运气的想法，他胸有成竹地告诉袁宪，自己早就想好了万无一失的妙计。

　　袁宪还以为是什么妙计呢。当他在后宫景阳殿内的水井边看到陈叔宝带着十几个宫女宦官要躲进深井时，惊得差点一口老血喷出喉咙！袁宪觉得这种行为太可笑、太没脑子了，苦苦规劝陈叔宝不要下井。后阁舍人夏侯公韵跑过来以身体挡住井口，简直是以生命来阻止皇帝下井。陈叔宝那个气呀，唾沫横飞地跟夏侯公韵争论了很久，气呼呼地说偏要下去、偏要下去，你管得着吗？夏侯公韵没法，只好移开身体，遂了陈叔宝的心愿。

　　在漆黑阴暗的深井里，陈叔宝特别有安全感，他觉得，从此，全世界的敌人再也找不见自己了。因为敌人不知道他藏在井里呀。

　　韩擒虎还真是没想到陈叔宝会藏在井里，他和他的士兵在皇宫里满世界地寻找皇帝，只有把皇帝抓住，这次江南之战才能算完美结束。经过仔细搜寻，隋军士兵终于发现了陈叔宝的藏身之井。于是士兵对着井内喊话，叫他上来。陈叔宝心说，你骗我呢，井里这么黑你咋能看得见我，以为我傻呀，我就是假装没人不吱声。

　　见陈叔宝毫无反应，隋军士兵吓唬说，再不上来就往井里面砸石头了！其实这真是吓唬人的鬼话。明知道陈国皇帝在里面，抓住了得立多大的功，活捉都来不及，怎么可能会对他作出冒险的攻击呢？

　　陈叔宝如果这个时候仍继续硬气地不答话，隋军一定会组织几百个人把井挖平，将陈叔宝从井下捞出来的，但陈叔宝没有那个胆，他怕自己被砸成肉饼，赶紧出声回应，叫上面千万不要砸石头。隋军抛下一根绳子，让他把绳子绑在身上，然后把他拽上来。

　　这个活可苦了拽绳子的士兵了，大家太惊奇了，没想到陈国皇帝的体重那么重，一大帮人合力都拽得相当吃力。等拽上来一看，哇，原来是三个人绑在一起。除了陈叔宝外，还有张贵妃和孔贵嫔。都穷途末路了，还不忘到哪儿都带着美女。

　　贵妃张丽华是陈国第一美人，晋王杨广早就在心里垂涎三尺了。杨广是特别好色的一个人，只是因为他的父亲隋文帝杨坚最讨厌好色荒淫的男人，所以杨广为了投其所好，为了争夺太子之位，故意装成不近女色的样子，成功蒙骗了父亲很多年，并最终因善于伪装作假而获得了太子地位。

　　不过这次杨广没忍住，张丽华实在太漂亮了，他想趁着这次做江南作战总指挥的便利，偷偷将张丽华据为己有。在得知高颎率先进入建康的消息后，杨广想走个后门关系，找来高颎的儿子高德弘，叫他去他父亲那里传个话，希望能留下张丽华，不要杀死她。高德弘在晋王府工作，是杨广的记室，相当于机要秘书。高德弘觉得这事问题不大，便快马加鞭跑到建康向父亲求情，希望父亲能考虑自己单位领导的感受和要求，网开一面。

没想到高颎一口拒绝，毫无商量余地："昔太公蒙面以斩妲己，今岂可留丽华！"高颎认为，误国祸水必须死，还搬出姜子牙蒙面斩苏妲己的故事为例，叫杨广死了这条心。当年周武王打败商纣王后，把俘虏来的妖艳美女苏妲己赏赐给了姜子牙。姜子牙不想留下这个祸国殃民、蛇蝎心肠的苏妲己，但又对自己在美女面前的克制力不自信，于是用布条将自己的眼睛蒙起来后，斩杀了苏妲己。

纵是一代钓鱼高手，在面对美人的时候，也不敢确定自己就不心旌摇动，也难怪高瞻远瞩的高颎要坚决去掉张丽华了，他不想杨广因得到她而耽误前程、毁灭自己，所以，高颎拒绝杨广，斩杀张丽华，其实是对杨广的一种好意。

但杨广并不领高颎这个情，他因为没有享受到超级美女的特殊服务而对高颎恼恨异常："无德不报，我必有以报高公矣！"杨广发誓将来要让高颎好看。每一件恩德，我都要回报。高颎的这番大恩大德，我一定要好好回报！可以想象，睚眦必报的杨广在说这番话时的那种咬牙切齿之状。高颎就是在这一年的这件事上，埋下了杀身之祸。十八年后，在杨广当上皇帝的第三年，他就以诽谤朝政为借口处死了高颎。

韩擒虎抓住陈叔宝后，真是欣喜若狂，赶紧将陈叔宝关押在皇宫，派人去长安向隋文帝杨坚报喜。韩擒虎，这人名字挺有意思。本来叫韩擒豹的，因为在少年时代曾经生擒过一头猛虎，后来便改名韩擒虎。

其实，按照这个改名套路，韩擒虎完全可以再次改名韩擒龙的。生擒陈叔宝，不就是擒住了一个真龙天子嘛，叫韩擒龙完全没毛病，谁要是不服就也去生擒活捉一个皇帝来。

还真有不服的。贺若弼就超级不服韩擒虎。这次渡江作战对贺、韩两人来说，军事上都没什么大的难度，都是长驱直入、摧枯拉朽、直捣黄龙地来到建康城下，关键就是看谁先能进入城内，谁先进入皇宫内廷抓住皇帝。贺若弼信心满满地要拿第一，谁承想他每次碰到的对手都不大好对付，在建康城墙根下，他还遇到了挡在面前的鲁广达。为了阻挡隋军进入都城，鲁广达督促残余兵士拼死力战，斩杀了数百名隋兵，将贺若弼生生挡在建康城外。当终于消灭鲁广达的时候，贺若弼才发现，韩擒虎早在他前面进城了。

听说韩擒虎活捉了陈叔宝，贺若弼来到了皇宫，命人将其押解到面前问话。陈叔宝听说贺若弼要提审自己，那叫一个害怕呀："叔宝惶惧，流汗股栗，向弼再拜。"亡国之君就是可怜。身为皇帝，陈叔宝何曾害怕过别人？只有别人在他面前战战兢兢、如履薄冰。现在得知要去见敌将，惊慌恐惧，大汗淋漓，浑身发抖，一见到贺若弼，就跪下不停地叩头。

贺若弼第一次接受一个国家的皇帝向自己行大礼，心里有点发虚不适应，但一想到自己的战胜国身份，很快便释然坦然了。他强装镇定地对陈叔宝说："小国之君当大国之卿，拜乃礼也。"这句话字里行间很明显透着那么点尴尬不自信的意味，你虽然是皇帝，但作为一个蕞尔小国之君，叩拜我这个超级大国三公部长级高官，是理所当然的事情。

很显然这属于歪理。要是陈国没有灭亡，贺若弼跟陈叔宝遇见了，肯定是贺得趴在地上行大礼呀。落毛的凤凰不如鸡，就是这个道理。贺若弼见陈叔宝吓得够呛，便安慰他说"入朝不失作归命侯，无劳恐惧。"贺若弼极为肯定地告诉陈叔宝说，你没有必要害怕，到了长安，至少能封一个归命侯，放心好了。归命侯是三国时孙吴政权最后一个皇帝孙皓的爵位，他被西晋俘虏到都城洛阳之后，晋武帝司马炎并没有杀他，而是封他为归命侯，给他一块田，每年拨给他钱粮绢绵。贺若弼了解皇帝杨坚，一定会效仿三百年前的古人，把失国君王陈叔宝好吃好喝地供养起来。后来陈叔宝果然被杨坚封为长城公，比孙皓的归命侯爵位还高一级。

贺若弼见陈国皇帝陈叔宝成了韩擒虎的手下俘虏，自己的功劳远在他之下，心里特别不爽。强烈的嫉妒使得他心理极不平衡，在韩擒虎面前骂骂咧咧的，跟韩擒虎发生了激烈冲突。两人吵得不可开交，贺若弼拔出宝剑，要和韩擒虎出门决斗。要是旁边没人拉着、拽着，两支部队绝对火并起来了。

后来贺若弼还是惦记着陈叔宝，他叫人以陈叔宝的口吻写了一封投降书，要让陈叔宝拿着这封投降书信到他的军营，正式向他投降。如果陈叔宝向贺若弼递交了正式的投降书，那陈叔宝就成了贺若弼的俘虏了，如此，南陈之战最大的功劳就非自己莫属了。不过这事根本不具有现实操作性。人已经在韩擒虎手里，韩擒虎怎么可能会交出来呢？更何况，这种要求太无理、太过分了。为防止贺若弼抢人，韩擒虎加派重兵看守陈叔宝。后来，因为这件事情实在无法操作，贺若弼只好作罢。

从这点看，贺若弼是非常自私无理的一介莽夫，为了立功不择手段，甚至违抗总指挥杨广的军令，擅自提前发起灭陈作战。战斗结束后，杨广以抗令不遵之罪逮捕了贺若弼，报父皇杨坚处理。杨坚下令释放贺若弼，既往不咎，说平陈大功，就数他和韩擒虎功劳最大。

说韩擒虎功劳很大，贺若弼心里不服，有一天在朝堂上，贺若弼当着皇帝杨坚的面怼踩韩擒虎，他说自己的功劳比韩擒虎大多了。他夸耀自己在陈国境内打了好几次硬战，歼灭了陈军精锐，而韩擒虎连一场像样的激烈战斗都没有，怎么能跟他比！韩擒虎却讥讽贺若弼只知道硬拼，导致士兵死伤惨重，说自己是用脑子打仗，智取为主，只用了区区五百骑兵，就兵不血刃占领了陈国的国库和皇宫，而贺若弼和他的军队，还是自己下令士兵打开城门，放他们进入建康城的。

两个人在杨坚面前争得不可开交，这个说他功劳大，那个说他功劳大。杨坚认为他们俩都功勋卓著，各有重赏，两人都进位上柱国。上柱国是职位，属于一品官，再上就是宰相级别了。除了职位，还有爵位封赏，封贺若弼为宋国公。古代的爵位分为公、侯、伯、子、男五等。其中公爵位还被细分为国公、郡公和县公三等。像陈叔宝的那个长城公，就是县公，比国公差远了。

国公之上，就是王爵了。而王爵在很多朝代，都是只封给跟皇帝同姓的本家皇室成员的。韩擒虎本来也要被封为国公，但有人举报他进入南陈皇宫后，纵容士兵奸淫宫女。杨坚因此没有给他晋升爵位。

相比历史上其他朝代而言，杨坚时期的军队，纪律约束得比较强，军队只是打仗，不祸害百姓，不搞烧杀淫夺。杨俊、杨素的部队在长江上游作战时，陈国军队打死打伤了几千名隋军，他们都将这些俘虏割下头颅，或者割下耳朵，拿回去作为证据报功请赏，而隋军抓住陈军后，不打不骂不报复，愿意回去的立即无条件放人，最后搞得很多陈军士兵都不好意思跟隋军对阵了，有的直接放下武器心甘情愿投降隋军了。

隋国灭陈战争进行得特别顺利，整个过程快得让人难以接受，陈国简直就是闪崩，完全没有系统性的、有力度的抵抗。杨坚在开皇八年三月发出总攻命令，到第二年正月，陈国就灰飞烟灭了。尤其是隋军过江之后，陈国灭亡的速度快得只能按天计数。韩擒虎正月初一渡过长江，初十就打进陈国皇宫，俘虏了陈叔宝，无法让人感觉这是场激烈持久的灭国之战，轻松得好像是一次隋国特种部队的定点斩首行动。

至此，南陈国正式灭亡。隋国收获了三十个州、一百个郡、四百个县，增加了大约五百万人口。南陈从陈霸先立国，到陈叔宝亡国，总共三十三年，非常短暂的小王朝。不只是陈国，南朝四个朝代的存续时间都很短促，昙花一现，焰火照空。清人郑板桥曾经写过一首《六朝》诗："一国兴来一国亡，六朝兴废太匆忙。南人爱说长江水，此水从来不见长。"南陈正像郑板桥所感叹的那样，匆匆太匆匆，兴废来回切换，让人目不暇接，唯有那一江春水，始终流波不断，昼夜不息。

天下没有不散的筵席。铁打的国土，流水的政权。没有一个政权能够千秋万代地永远存在下去，历史自有它的规律，草创、发展、兴盛、衰落、灭亡……这是一个来来回回的宿命，没有哪个朝代能够幸免。隋国灭掉南陈，让南陈成为往事，这是一种历史的进步，是先进对落后的淘汰，是后浪赶拍前浪的必然。

隋国的出现，结束了西晋末年以来近三百年的国家分裂局面，此后，中华进入三百年之久的大一统，很多影响中华、影响世界的重要历史事件都是在这三个世纪里相继发生的，并因此让中华引领世界。南陈往事，如青烟一抹，无声飘散于历史的天空……